Ulrich Kaufmann
O. M. Graf

Ulrich Kaufmann

O. M. Graf
Rebell – Erzähler – Weltbürger
Studien und Materialien

unter Mitarbeit von Detlef Ignasiak

P. Kirchheim

Für Stephan und Julia
Anne und Maxi

Redaktionelle Mitarbeit: Gudrun Bär

© 1994 P. Kirchheim Verlag München
Alle Rechte vorbehalten
Umschlag: Roland Hepp
nach dem Reihenentwurf von Klaus Detjen
unter Verwendung der Kohlezeichnung von Carlo Holzer 1929
Satz: Typ-O-Graph, München
Druck und Bindung: Wiener Verlag
Printed in Austria
ISBN 3-87410-065-0

Inhalt

Vorwort 7

1. Kunstwerk und Dokument: Das autobiographische Werk

»Frühzeit« (1922) –
Grafs erster Beitrag zur »Tatsachen-Literatur« 11

Die Chronik bei Graf –
im Zentrum die Flechtinger Familienchronik (1925) 15

Erprobte Form – neuer Gegenstand:
die Theaterchronik »Wunderbare Menschen« (1927) 21

Krieg und Nachkrieg – Literarischer Durchbruch
mit dem Bekenntnisbuch »Wir sind Gefangene« (1927) 27

Biographischer Roman mit historischen Dimensionen:
»Das Leben meiner Mutter« (1940) 41

Bilanz eines Volkserzählers – Oskar Maria Grafs
Autobiographie »Gelächter von aussen« (1966) 55

2. Graf und zeitgenössische Autoren

Thomas Mann als geistiges Erlebnis
Kommentar zu Dokumenten einer Partnerschaft 67

Grafs Ärger mit dem jungen Brecht 78

Bündnis mit Widersprüchen –
Johannes R. Becher und Oskar Maria Graf 83

3. Ein Stegreiferzähler und seine Wirkung

Graf als Essayist 91

Der Geschichtenerzähler Graf 96

Überlegungen zur Behandlung der Geschichte
»Die Episode von Troglberg« im Deutschunterricht 105

Bemühungen um Graf –
Zu Rezeption seines Werks in der DDR 110

Anhang/Materialien

1. O. M. Graf – Miszellen:
   - Der Freiheit entgegen (Heinrich Heine, 1936) ... 123
   - Nüchterne Orgien (Johannes R. Becher, 1948) ... 125
   - Anna Seghers zum 60. Geburtstag (1960) ... 126
   - Der »Denkzettel« (zu Arnold Zweig, 1962) ... 127

2. Neue Stimmen von Dichtern über O. M. Graf ... 128

3. Plädoyer ohne Folgen –
   Gutachten zu Grafs Exilroman »Der Abgrund« ... 131

4. Literaturwissenschaft als Abenteuer –
   Rolf Recknagel zum 60. Geburtstag am 2.2.1978 ... 135

5. Drucknachweis und bibliographische Angaben ... 137

6. Bibliographische Hinweise auf weitere Arbeiten
   U. Kaufmanns zu O. M. Graf ... 139

Zu den Autoren ... 140

Vorwort

Aus München, der Stadt, in der es Graf zu beträchtlichem Ruhm brachte und in der er seine letzte Ruhestätte fand, ist Erfreuliches zu hören: Die Stadtväter planen ein Denkmal für den großen Erzähler und bereiten aus Anlaß des 100. Geburtstages eine umfangreiche Ausstellung vor. Selbst der Schreibtisch des Dichters aus den New Yorker Jahrzehnten hat seinen Platz in Deutschland gefunden. Zudem präsentiert der List-Verlag München das Werk Oskar Maria Grafs fast vollständig. Die 1992 gegründete Graf-Gesellschaft will künftighin alle Aktivitäten koordinieren.

In diesem Kontext scheint es günstig, Studien vorzulegen, die zeigen, daß es – neben der verdienstvollen Monographie Rolf Recknagels (1974) – im Osten Deutschlands weitere Bestrebungen gab, der Graf-Rezeption Impulse zu verleihen. Schon in den fünfziger Jahren, als man Graf im Westen kaum zur Kenntnis nahm, hat sich der Autor anerkennend über Editionen seiner Werke in der DDR geäußert. Neben Erfreulichem sei ausdrücklich auf Versäumnisse in der DDR-Rezeption verwiesen:

Der Verfasser hat mehrfach – allerdings erfolglos – dafür plädiert, eine der Graf-Ausstellungen im Osten zu zeigen und hier den Exilroman »Der Abgrund« sowie die späte Autobiographie »Gelächter von außen« zu publizieren. (Diese Bemühungen werden z. T. im Materialanhang dokumentiert.) Wer die genannten Bücher Grafs kennt, wird sich über ihr Nichterscheinen kaum wundern, da der Autor gerade mit diesen Arbeiten nicht in von Ideologen gezimmerte Schubkästen paßte. Auch Versuche, Graf in der DDR als Essayisten vorzustellen, kamen über Anfangsüberlegungen nicht hinaus. Mein Plan, in der Hauptstadt Bayerns Archivstudien zu betreiben, um auf dem Feuchtwanger/Graf-Symposium 1984 über die Publizistik Grafs zu sprechen, scheiterte daran, kein »Reisekader« zu sein.

Immerhin glückte es, das »Bayrische Dekameron« in einer Nachauflage dem Leser im Osten Deutschlands komplett zu präsentieren. (Besonders Prüde hatten vorher die deftigsten Texte »vergessen«.)

Hervorzuheben ist, daß die Behandlung der »Episode von Troglberg« im Schulunterricht der Klasse 9 in den Schulen der DDR in den achtziger Jahren einen festen Platz hatte. In Berg erzählt man verwundert, daß es oft Menschen aus dem »Osten« sind, die sich nach dem Geburtshaus des bayerischen Volkserzählers erkundigen...

Die vorliegenden Studien, die überwiegend in den späten siebziger sowie in den achtziger Jahren entstanden, tragen Spuren ihrer Entstehungszeit und sie verschweigen auch keineswegs den Entstehungsort. Man kann und soll dies nicht nachträglich leugnen. Deshalb spiegeln die Aufsätze mitunter den Forschungsstand jener Jahre wieder. Der interessierte Leser sei auf Gerhard Bauers nunmehr als Taschenbuch erschienene Werk-Biographie »Gefangenschaft und Lebenslust«, den »Text und Kritik«-Band zu Graf (1986) sowie auf die Bibliographie im ersten Graf-Jahrbuch des List-Verlages (1994) verwiesen.

Ihren Ausgangspunkt haben die Untersuchungen in der Dissertationsschrift »Epische Selbstdarstellung im Werk Oskar Maria Grafs« (1978). Die Aufsätze sind jedoch nur selten mit Kapiteln dieser Monographie identisch. Durch das Thema der genannten Schrift erklärt sich das besondere Interesse am autobiographischen Werk Grafs im ersten Teil des Buches.

Andere Aufsätze, wie die zu Thomas Mann, Bertolt Brecht und Johannes R. Becher, waren Beiträge zu Konferenzen, die anläßlich von Dichterjubiläen in der DDR entstanden. Ein kulturpolitisches Ärgernis stellte dabei der Becher-Aufsatz dar, da durch Grafs respektlose Sicht auf Becher doch beträchtlich am Bild des »sozialistischen Nationaldichters« und Kulturministers gekratzt wurde. Aus diesem Grunde fand der Beitrag damals keine Aufnahme in den repräsentativen Konferenzband. Grafs erst nach »Redaktionsschluß« aufgefundene (und im Anhang dokumentierte) Rezension zu Bechers Lyrik-Band von 1948 ist ein weiterer Beleg für Grafs kritischen Umgang mit seinen bayerischen Dichterkollegen.

Zu DDR-Zeiten war eine geschlossene Präsentation der Bemühungen um Graf nicht möglich. Deshalb wurden auch Gelegenheiten in Polen und Ungarn genutzt, um wenigstens einige Ergebnisse vorzustellen. Für die internationale Graf-Forschung, auch wenn diese den einen oder anderen Aufsatz bibliographisch erfaßte, waren die verstreut publizierten Untersuchungen faktisch nicht existent. Hervorgehoben sei, daß der Aufsatz »›Die Episode von Troglberg‹ – Überlegungen zur Behandlung in der Schule« von Detlef Ignasiak verfaßt wurde. Den Artikel »Der Geschichtenerzähler Graf« schrieb Detlef Ignasiak mit mir gemeinsam.

An dieser Stelle danke ich Frau Dr. Gisela Graf (New York) und Ricarda Glas, der Enkelin des Dichters, die mir 1992 das Berger Geburtshaus, den Friedhof der Eltern Oskar Maria Grafs und den eindrucksvoll erhaltenen Heimrath-Hof (auf dem Grafs Mutter aufwuchs) zeigten.

Später Dank gebührt Herrn Dr. Rolf Recknagel (Leipzig), der mich vor Jahren in selbstloser Weise unzählige Male unterstützt hat. Auch deshalb steht im »Anhang« ein zu seinem 60. Geburtstag ungedruckt gebliebener Würdigungsartikel für den Nestor der (ost-)deutschen Graf-Forschung.

Geben wir dem Dichter Stephan Hermlin (der 1964 am Empfang für Oskar Maria Graf in Ost-Berlin dabei war) das letzte Wort: »Unter den deutschen Schriftstellern (die aus proletarischem Milieu kommen) war Graf die größte Begabung.«

Jena, Dezember 1993　　　　　　　　　　　　　　　　　Ulrich Kaufmann

1. Kunstwerk und Dokument: Das autobiographische Werk

»Frühzeit« (1922) – Grafs erster Beitrag zur »Tatsachen-Literatur«

In der Roten Roman-Serie des Malik-Verlages erscheinen 1922 als fünfter Band unter dem Titel »Frühzeit« Oskar Maria Grafs Jugenderlebnisse. Dieses damals wie heute kaum beachtete Buch, in dem Graf seinen Werdegang vom elften bis zum dreiundzwanzigsten Lebensjahr schildert, ist nicht völlig identisch mit dem 1. Teil des Welterfolges »Wir sind Gefangene«.

In »Ein Buch entsteht wider Willen«, dem Eröffnungskapitel seiner letzten Selbstdarstellung »Gelächter von aussen«, berichtet Graf über die Entstehung von »Frühzeit«: »Etliche Monate später (bereits nach dem Ende des 1. Weltkrieges – U. K.) besuchte mich mein Freund Wieland Herzfelde aus Berlin, kam auch auf so einen Atelierabend mit, bei dem ich meine Erlebnisse zum besten gab, und fragte mich auf dem Heimweg: ›Sag mal, hast du das nie geschrieben? – Das könnt ich brauchen‹ [...] ›Ausgeschlossen! – Ich bin doch Lyriker! Gedichte wirst du kaum brauchen können.‹ [...], endlich gab ich auf seine Fragen doch zu: ›Jaja, so flüchtige Notizen hab ich mir schon einmal gemacht ...‹«[1]

Obwohl Graf 1922 bereits fünf eigene Buchpublikationen (Gedichte, Indianergeschichten, Künstlerbiographien) aufzuweisen hatte, beginnt er erst mit »Frühzeit«, »sein« Thema zu entdecken. Diese erste Autobiographie enthält bereits im Keim eine ganze Gruppe von Büchern. In kurzen Rückblicken weist sie schon auf die »Chronik von Flechting« hin, deutet die Lausbubengeschichten »Dorfbanditen« (1932) an, entwirft in groben Zügen »Das Leben meiner Mutter« und entfaltet das Motiv des vernichtenden Lachens, das Grafs letztes Buch durchzieht und ihm den Titel gegeben hat: »Gelächter von aussen«.

Woran liegt es, daß ein Buch, das viele erfolgreiche Bücher partiell vorwegnimmt, 1922 so wenig Resonanz hat? Die Gründe sind wohl weniger im Buch selbst, als vielmehr in den Literaturverhältnissen dieser Jahre zu suchen. Trotz seiner Publikationen ist Oskar Maria Graf 1922 ein Namenloser. Der noch junge Malik-Verlag, der durch niedrige Buchpreise vor allem proletarische Käufer anzuziehen bemüht war, kann nur eine – insgesamt gesehen – geringe Auflage garantieren.

Zur Überraschung Oskar Maria Grafs hält ein bedeutender Autor seinen frühen Versuch für ein »tolles und bedeutsames Buch«[2], Thomas Mann.[3]

In neunzehn kurzen, chronologisch angeordneten Kapiteln schildert Graf seine Entwicklung vom Tod des Vaters und der »Befehlsübernahme« durch den Bruder Max (1905) bis zu seiner Entlassung aus der Irrenanstalt Haar (1917). Die Schilderung wirkt beim ersten Lesen unliterarisch, rein dokumentarisch. Jedoch schon die Wahl des Anfangs- und Endpunktes, die Konzentration auf sozial bedeutsame Ereignisse – seine Kriegserlebnisse 1914 – 1917 beschreibt er in acht Kapiteln – deuten Möglichkeiten Grafscher Erzählkunst an.

Obwohl Graf ausführlich über die Bedeutung der Literatur für seine Entwicklung berichtet, steht nicht der Werdegang eines Literaten im Zentrum des Buches. Die Literatur übt auf Oskar verschiedene Wirkungen aus. Regt die Lektüre der Bücher Karl Mays lediglich zu Streichen an, so hat das Schreiben eigener Gedichte für den Helden gegen Ende der Autobiographie eine befreiende Wirkung.

Im Buch wird das harte Ringen eines jungen Mannes geschildert, der seinen Platz im Leben sucht. Vor dem ersten Gedicht Oskars, wie der Held im Gegensatz zum Autor Graf genannt sein soll, stehen Pläne, Erfinder oder Tierarzt zu werden. Da er aufgrund seiner Herkunft solche Träume nicht verwirklichen kann und ihm die Schinderei in der Bäckerei des Bruders zuwider ist, flieht er nach München, um dort als Schriftsteller zu leben.

Von dieser Illusion bald geheilt, muß er als Liftboy, Mühlenarbeiter und Bäcker arbeiten. Den gesuchten Halt findet er auch in Künstler- und Anarchistenkreisen nicht. Schenkt man diesen proletarischen Grunderlebnissen die gebührende Beachtung, kann man Graf nicht als einen bürgerlichen Schriftsteller bezeichnen, wie es teilweise auch von linken Autoren geschehen ist.[4]

Als Oskar in einen Krieg gerät, den er von Anfang an haßt, hilft er sich, indem er einen Idioten simuliert. Grafs Episodenbuch zeigt die Übergänge Oskars von echter zu gespielter Naivität, von listiger zu gewaltsamer individualistischer Gegenwehr. Naivität, schwejkhafte List und bajuwarische Bauernschläue sind die Quellen der Grafschen Komik, die mitunter hintergründig und bitter sein kann.

Oskar, der sich die Anarchisten als »vermummte Gestalten« vorstellt, »die um das Schicksal dieses oder jenes Fürsten würfelten«[5], bringt es fertig, einen Polizisten nach dem Treff dieser Leute zu fragen. Nachdem Oskar einige Zeit beim Vertrieb von Propagandamaterial der Münchner

Gruppe »Tat« mitgeholfen hat, trägt er Erich Mühsam folgendes Anliegen vor: »Verzeihung, Herr Mühsam, meine Schwester läßt fragen, was ich da Gehalt bekomme und wie das ist mit meiner Anstellung?«

Bei der Schilderung des ersten Weltkrieges weicht die Naivität einer pazifistisch begründeten individualistischen Protesthaltung. Oskar wird erst in die Irrenanstalt abgeschoben, als er einem Arzt entgegnet: »Sie sind der größte Verbrecher! Sie heilen nur damit man uns als Kanonenfutter brauchen kann ... Die Generale, der Kaiser, die ganzen Kriegsherren handeln, wie sie es gelernt haben, aber Sie – Sie, Sie haben etwas anderes gelernt und lassen sich zur größten Schandtat benützen.«[6]

Charakteristisch für »Frühzeit« ist, daß Graf (beispielsweise im Gegensatz zu dem Epochenbuch »Das Leben meiner Mutter«) auf breite historische Erläuterungen verzichtet und dem Leser nur das mitgibt, was er zum Verständnis der Lage des Helden unbedingt benötigt.

Die Diktion Grafs ist sehr präzis. Mitunter bedient sich der Dichter verfremdender Mittel. Der erste Satz, der im Text über die Soldatenzeit erscheint, lautet: »Es war sehr lustig auf unserer Stube.«[7] Dieser Einstieg läßt die Absicht erkennen, das Wesen des Krieges anhand von heiteren Episoden transparent zu machen, bei denen stets die Härte und Unmenschlichkeit des Krieges mitschwingt. Die Kapitelüberschriften sind treffend gewählt und werden oft im Text an charakteristischer Stelle wieder aufgegrifffen. »Der Kampf beginnt«, der Titel des 15. Kapitels, läßt vermuten, daß nun Schilderungen des Schlachtengetümmels einsetzen, statt dessen führt der Held jetzt seinen Kampf gegen die Obrigkeit verstärkt fort, indem er absichtlich zwei Pferde weglaufen läßt.

Der Absicht Klaus Schröters, bei seiner Analyse von »Wir sind Gefangene« auf die Verwendung von Symbolen hinzuweisen, ist zuzustimmen.[8] Es handelt sich keinesfalls um »flüchtige Notizen« oder gar um einen »minderwertigen Unterhaltungsschmarren«,[9] wie Graf später schreibt. Schröter glaubt, Graf wäre in seinem Italien-Kapitel der Symbolkette Duft-Nacht-Mond-Gewölk gefolgt, wie sie sich in Goethes Gedicht »Willkommen und Abschied« vorgeprägt findet. Schröters These büßt an Überzeugungskraft ein, wenn man beachtet, daß das Manuskript des Kapitels als achter Abschnitt von »Frühzeit« bereits 1920 vorgelegen hat. Zu diesem frühen Zeitpunkt ist eine so artifizielle Aufnahme des Goetheschen Erbes (Schröter versucht außerdem Bezüge zur »Italienischen Reise« II herzustellen) ziemlich unwahrscheinlich.

Abschließend sei darauf aufmerksam gemacht, daß »Frühzeit« im wesentlichen bereits die wichtige »Vorbemerkung« zu »Wir sind Gefangene« und den teilweise lyrischen »Epilog« enthält. In der »Vorbemerkung« vom Dezember 1921 findet man folgende Sätze: »Nichts in diesen Blättern ist erfunden, beschönigt oder *gar* (Hervorhebung U.K., dieses Wörtchen fehlt 1926) zugunsten einer Tendenz niedergeschrieben ... Dieses Buch soll nichts anderes sein als ein Dokument (in »Wir sind Gefangene« heißt es ›menschliches Dokument‹ - U.K.) *dieser* Zeit«.[10] Das Bestreben, »wahrheitsgetreu« und »untendenziös« zu schreiben, wird hier programmatisch vorangestellt und hat für »Frühzeit«, da der Held 1917 seinen Platz im Leben noch nicht gefunden hat, durchaus seine Berechtigung. Das vom Autor pejorativ gemeinte »Tendenziöse« findet sich eindeutig am Schluß des Bekenntnisbuches »Wir sind Gefangene«, als Oskar weiß, wohin und zu wem er gehört.[11] Für die Zweitfassung wird die »Vorbemerkung« somit durch den Text selbst in Frage gestellt.

Anmerkungen

[1] Graf, Gelächter von aussen, München 1966, S. 25-26.
[2] Ebenda, S. 29.
[3] Vgl. den Aufsatz, »Thomas Mann als geistiges Erlebnis« im zweiten Abschnitt des vorliegenden Buches.
[4] Man vergleiche zum Beispiel Hedda Zinners Roman »Fini«, Berlin 1973, S. 380ff. Hedda Zinner berichtet hier von einer Buchlesung des bürgerlichen Erfolgsautors Hugo Maria Fürst. Im Kapitel zu Graf und J. R. Becher wird auf Zinners Roman ausführlicher eingegangen.
[5] Graf, Frühzeit, Berlin 1922, S. 45.
[6] Ebenda, S. 52.
[7] Ebenda, S. 132.
[8] Ebenda, S. 94.
[9] Klaus Schröter, Oskar Maria Graf und die »Neue Sachlichkeit«. In: Graf, Beschreibung eines Volksschriftstellers, München 1974, S. 152-154.
[10] Graf, Gelächter von aussen. S. 26-27.
[11] Graf, Frühzeit. S. 3 (Vorbemerkung). Diese Vorbemerkung erinnert sprachlich und inhaltlich an den Vorspann von Erich Maria Remarques Erfolgsroman »Im Westen nichts Neues« (Berlin 1975): »Dieses Buch soll weder eine Anklage noch ein Bekenntnis sein. Es soll nur den Versuch machen, über eine Generation zu berichten, die vom Kriege zerstört wurde – auch wenn sie seinen Granaten entkam.«

Die Chronik bei Graf –
im Zentrum die Flechtinger Familienchronik (1925)

Am Ende des ersten Teiles von Grafs Buch »Das Leben meiner Mutter« finden sich folgende Zeilen: »Derjenige, der als Nachkomme des Max Graf und der Therese Heimrath in diesen Seiten die vielverschlungene Geschichte dieser *beiden* (Hervorhebung – U. K.) Geschlechter gewissenhaft und – so gut es gelingen mag – der Wahrheit gemäß wiederzugeben versucht, hat als Knabe Kastenjakls Aufzeichnungen und seines Vaters Abschriften noch zum größten Teil gelesen. Er las dieses sonderbare Vermächtnis mit erregten Sinnen, und einiges davon ist ihm so fest eingeprägt, daß er es fast wörtlich wiederholen kann.«[1]

Diese Sätze enthalten eine Fülle wichtiger Informationen für die Untersuchung der 1925 erschienenen »Chronik von Flechting«[2]. Abgesehen davon, daß hier die beiden Hauptfiguren Kastenjakl (Oskars Großonkel) und Max (der Vater) auftauchen, erfährt man, wie Oskar Maria Graf zu dem Material für seine Familienchronik gekommen ist. Des weiteren ist der Hinweis wesentlich, daß der Dichter im »Mutter«-Buch die Geschichten beider Geschlechter (der Ahnen mütterlicherseits und väterlicherseits) aufzeichnet, während die »Chronik« lediglich die väterliche Linie verfolgt.

Das Wort »Chronik« bereits im Titel läßt vermuten, daß Graf in diesem Buch streng dokumentarisch vorgeht. Das Gegenteil ist der Fall. Einige Abweichungen vom authentischen Geschehen fallen sofort ins Auge: Der Haupthandlungsort ist nicht Berg, sondern Flechting. Die aus dem Tirolischen stammende Stellmacherfamilie heißt nicht Graf, sondern in anagrammatischer Lesart Farg. Die 1832 einsetzende »Chronik« verzichtet auf die Darstellung der schon vor 1871 (dem zeitlichen Ende der »Chronik«) vorhandenen Beziehungen zwischen den bäuerlichen Heimraths und den Grafs. Für die Komposition des Buches ist charakteristisch, daß am Schluß des Werkes nicht ein einziger männlicher Farg mehr lebt. (Unter anderem deshalb werden Grafs Flechtinger Schilderungen in der zeitgenössischen Kritik als die »bäuerlichen Buddenbrooks« bezeichnet.[3])

Graf stellt Bauern und Handwerker aus Flechting und Umgebung ins Zentrum seiner vierzig Jahre umfassenden »Chronik«. Es wird gezeigt, wie die *kleine* überschaubare Welt in Beziehung zu den *großen* Ereignissen der bürgerlich-demokratischen Revolution 1848/49, des Krieges zwischen Preußen und Österreich 1866, des Deutsch-Französischen Krieges 1870/71, der Reichsgründung und letztlich der Pariser Kommune tritt. Mehr noch als diese Geschehnisse, die nur durch das Mittel des Botenberichts beziehungsweise durch Zeitungs- und Briefausschnitte in die Haupthandlung ›hineingeholt‹ werden, spielt für die Flechtinger die Tatsache eine Rolle, daß der bayrische König seinen Sommersitz in Flechting einrichten läßt. Das hat eine Zunahme des Tourismus in der Gegend des Starnberger Sees zur Folge. Nachdem die anfängliche Ehrfurcht vor den fremden Herrschaften aus der Stadt verschwunden ist, ahnen die Flechtinger sehr bald, daß materielle Vorteile aus den neuen Bedingungen zu ziehen sind. Graf führt vor, wie alle Figuren mehr oder minder auf höheren Geldgewinn aus sind und materielles Denken und Handeln bis zur Zerstörung des »Daheimigen«, der Familie, führt. Das Erfassen der Gestalten in ihrer materiellen Abhängigkeit und Bedingtheit erweist sich als ein wichtiges Gestaltungsprinzip bei Graf. Dafür drei Beispiele:

– Als der königliche Park angelegt werden soll, scheuen sich die Flechtinger nicht, unannehmbare Preise für ihre Grundstücke zu verlangen.

– Der Herrschaftenwirt Renkmair schlägt aus der 48-er Revolution insofern Kapital, als er seine Schilderung der Münchner Ereignisse so anlegt, daß die Gäste den ganzen Abend bei gutem Umsatz lauschen.

– Bevor der junge Max Farg seine Bäckerei eröffnet, macht er in allen Gasthäusern der Umgebung ansehnliche Zechen, sich so seinen künftigen Kundenkreis schaffend.

Grafs romanhafte Chronik, zwischen 1920 und 1924 entstanden, weist eine starke Exposition auf. Der Verkauf der *Bäckerei* an Andreas Farg, die Brandstiftung Abenthums, der ein Mordversuch folgt, die sich anschließende Gerichtsverhandlung (das stoffliche Interesse des Autors an Kriminalfällen mit sozialer Motivation deutet sich mit diesem Buch erstmalig an), der Tod des alten Farg, der Bau des Sommerschlosses in Flechting, die Unterschiedlichkeit der beiden Fargbrüder, der Plan Jakls, gemeinsam mit dem schwarzen Peter, die *Bäckerei aufzubauen*, all das erfährt der Leser gleich im Eröffnungskapitel »Die Konstatierung«.

Das Buch schließt damit, daß Max Farg nicht aus dem Krieg 1870/71 zurückkommt und Kastenjakl, nachdem er die Fargsche *Bäckerei angezündet* hat, im Selbstmord endet. Es wird deutlich, daß diese Flechtinger

Chronik genau genommen die Chronik des Fargschen Anwesens ist. Indem Graf alle Personen des Ortes in Beziehung zu den Fargs und ihrem Anwesen setzt – die drei einflußreichsten Personen des Ortes versuchen, durch eine Spekulation in den Besitz der Bäckerei zu kommen – weitet er die Haus- und Familienchronik zur repräsentativen Ortsgeschichte aus.[4] Die lokale Konzentration auf das Flechtinger Bäckerhaus hat zur Folge, daß Kastenjakl, zu Beginn die Zentralfigur des Buches, im zweiten Teil, da er von seinem Neffen mehr und mehr aus der Bäckerei gedrängt wird, auch an die Peripherie des Romangeschehens rückt und die Aufmerksamkeit des Autors zusehends dem jungen Bäcker Max Farg gehört.

Graf bevorzugt geradliniges Erzählen in chronologischer Abfolge. Lediglich das 5. Kapitel (»Gewesenes greift ein«) geht in das Jahr 1792 zurück, da Andreas Farg in Flechting auftaucht. Grafs Sprache ist knapp, geradezu lapidar. Der Erzählerkommentar wird selten und wenn, dann sparsam eingesetzt. Folgende Auszüge stehen für Grafs gestalterisches Vermögen, Weltpolitik und Alltagsleben der Dörfler in der Synthese zu zeigen: » Fast jede Woche zweimal erdröhnten auf den Dampfschiffen die bekannten drei Salutschüsse, welche Siege ankündigten. Man war ein Interesse für die Ereignisse. Nach den Spicherer Höhen kam Colembey, Vionville und Mars-la-Tour, St.Privat und Gravelotte. Der Renkmair hielt wahre Volksreden, wenn er so eine blutige Schlacht erklärte.«[5]
»Nach ungefähr einer Woche bekamen die drei Fargschwestern die Nachricht, daß der Maxl bei Orleans gefallen sei ... die zwei weinenden Schwestern hatten die Hände gefaltet ... Drunten briet die Stasl ihre Kartoffeln. –«[6]

Auf engstem Raum fängt Graf mitunter die Meinung des Dorfes ein, meist, indem er Biertischgespräche »aufzeichnet«, so anläßlich der Kaiserkrönung in Versailles:

»›An scheena Bart hat er! A strammer Mensch is er und an ehrliches Gschaug!‹ lobte sogar der Kragerer diese würdige Monarchengestalt.
›Do glaab i's freili, daß ünsa König glei Ja gsagt hat, wia ma den vorgeschlogn hat‹ [...], meinte hinwiederum der Schmied Banzer.«[7]

Die direkte Rede gibt Graf im bayrischen Dialekt wieder, wobei jede Figur in der ihr gemäßen Sprache spricht. Der schwarze Peter, Teilnehmer der Schlacht von 1812 und Napoleon-Verehrer, entlehnt seine Bilder und Vergleiche in der Regel der Militärsprache. (Allerdings liefert die Erstausgabe der »Chronik« zu wenig Hilfsmittel. Für den des Bayrischen nicht mächtigen Leser schwer verständliche Begriffe werden nur sporadisch und gar nicht immer beim ersten Auftauchen im Text ins Hochdeutsche übertragen.)

An Hand von Biertischdisputen zeigt der Autor, wie schnell sich Meinungen zu den »großen« und »kleinen« Ereignissen der Welt wandeln, und zwar stets in Abhängigkeit vom Erfolg oder Mißerfolg eines Unternehmens.

Auf die Verwendung von Motiven und Symbolen verzichtet Graf weitestgehend. Er versucht oftmals eine Typisierung der Personen bereits durch eine bildhaft-sprechende Namensgebung; so heißt der zweitgrößte Bauer des Ortes »Raffinger«, der Pfarrer »Kosthammer«, der Mörder und Brandstifter »Abenthum«, Kastenjakls Gefährte »der schwarze Peter«, der Stallmeister »Harnisch«.

Im Schlußkapitel (»Der letzte Schnörkel«) unternimmt Graf den Versuch, verkürzend eine Beziehung zwischen der Handlungs- und Entstehungszeit des Buches herzustellen. Die »Chronik« klingt mit den Worten aus: »Leicht hat man heute in Flechting sein Fortkommen. Es braucht gar kein eigentliches Anfangen mehr. Man übernimmt jetzt, man erwirbt und steht auch schon mitten im besten Verdienst. Es ist ja auch eine ganz andere Zeit! Früher hieß es: Kämpfen. Heute heißt es: Handeln: – Mein Gott! Aufstehen wenn sie wieder würden, der schwarze Peter, der Maxl und der Jakl, aufstehen vom Grabe! Sie würden weinen über all diese Vergänglichkeit. / Wo bleibst du denn, du großer Geist der kleinen Ahnen! –«[8]

Trotz dieser »archaistischen Tendenz« steigert Graf »die Veräußerlichung des Lebens nicht bis zur Klage, der die Mahnung zur Rückkehr ins Vergangene innewohnte. Denn die Vergangenheit, so wie sie von Graf dargestellt wird, ist nicht mit dem Glorienschein der Vollendung umgeben. Sie wird keinesfalls als Idealzustand gepriesen, sondern ebenfalls kritisch beleuchtet.«[9]

Eine vergleichende Bemerkung soll abschließend dem Roman »Die Heimsuchung« (1925) gelten, der kurz nach der »Chronik von Flechting« entstanden ist. Die Produktion und Wirkung dieses Werkes, das Graf veranlaßt, seine Arbeit an »Wir sind Gefangene« zu unterbrechen, ist eine Farce. Zwei der fünfundzwanzig Kapitel der Autobiographie »Gelächter von aussen« sind diesem Gegenstand vorbehalten. Für ein Honorar von 10 000 Mark (Auflagehöhe 50 000) fordert die Katholische Bonner Buchgemeinde Graf auf, in drei Monaten einen Roman zu liefern, der in der Machart der Bauerngeschichte »Der Traumdeuter« geschrieben sein soll und die »mystische Verstrickung sektiererischer Bauernfamilien« gestaltet.[10]

Graf geht auf das Angebot ein und gibt nach wenigen Wochen einen heute schwer genießbaren Roman ab. Man spürt, daß dem Autor beim Schreiben des Romans – zugegebenermaßen schreibt er ihn im Trancezustand – die »Chronik von Flechting« noch in guter Erinnerung gewesen ist. Beide Bücher behandeln etwa die gleiche Zeit, sind biographisch über mehrere Generationen angelegt, einzelne Episoden, Schicksale und Namen ähneln sich, in beiden Fällen steht ein Haus, in dem sehr viel Leid und Unglück passiert, im Zentrum.

Der Romanautor gibt vor, eine Vielzahl von Dokumenten (Chroniken, Geschichtsbücher, Briefe usw.) einzubeziehen. Das bringt ihm viel Lob der zeitgenössischen Kritik, aber noch mehr Anfragen von Historikern nach den Quellen ein. Sämtliche »Quellen« erweisen sich als reine Phantasieprodukte Grafs, was, für sich genommen, freilich erstaunlich ist.

Insgesamt bleibt dieser Roman ein konstruiertes Machwerk – streckenweise auch geschickt »gemacht«. Das schließt nicht aus, daß der Roman »Die Heimsuchung« passagenweise mit großer Sachkenntnis das Leben und die religiösen Gewohnheiten der bayrischen Bauern schildert.

Die »Heimsuchung«, die Graf auch als Heimsuchung für sich selbst charakterisiert hat, da sie sein Absinken ins Gewerbe signalisiert, ist, trotz der obengenannten Ähnlichkeiten etwas ganz anderes geworden. Dies liegt noch nicht einmal daran, daß der Autor, sich auf die neue Lesergemeinde einstellend, eine abwertende Beurteilung der Revolutionäre von 1848/49 vornimmt und Klassenunterschiede idyllisierend zudeckt. Der Roman mißlingt, da Graf einen Stoff aufgreift, den er nicht aus unmittelbarer Anschauung kennt.

Anmerkungen

[1] Graf, Das Leben meiner Mutter. Berlin 1974, S. 200.
[2] Dieses Buch wurde 1975 in die Werkausgabe des Süddeutschen Verlages München aufgenommen und somit der Vergessenheit entrissen.
[3] Graf, Kalendergeschichten, München 1929 (Anhang). Rezension der »Münchner Zeitung«.
[4] Wie produktiv es sein kann, familiengeschichtliches Material aus der Generation der Groß- und Urgroßväter aufzunehmen, zeigt in der jüngeren Literatur Johannes

Bobrowskis Roman »Levins Mühle« (1964). Dieses Buch, das zeitlich nur kurz nach Grafs Familienchronik angesiedelt ist (1874), schildert ebenfalls den Kampf um eine Produktionsstätte (Levins Mühle) und wirft zugleich soziale, nationale und religiöse Fragen auf.

[5] Graf, Chronik von Flechting, München 1925, S. 211.
[6] Ebenda, S. 215-216.
[7] Ebenda, S. 224.
[8] Ebenda, S. 240.
[9] Heinz Swarowsky, Oskar Maria Graf – Eine Monographie. Dissertation, Potsdam, 1962 S. 52.
[10] Graf, Gelächter von aussen. München 1966, S. 374.

Erprobte Form – neuer Gegenstand:
die Theaterchronik »Wunderbare Menschen« (1927)

Grafs Gesamtschaffen umfaßt vierzig selbständige Buchpublikationen, von denen etwa ein Drittel Werke autobiographischen Charakters sind. Gewiß wird nicht alles, was der Autor geschrieben hat, heute auf ungeteiltes Leserinteresse stoßen, die größeren und kleineren autobiographischen Werke jedoch werden, neben den bekannten Romanen und Kalendergeschichten, ihre Resonanz mit Sicherheit nicht verfehlen. Graf, der immer wieder aus dem Reservoir des unmittelbar Selbsterlebten schöpfte, schrieb in seinen wesentlichen Büchern ungeschminkt, anschaulich und humorvoll über die sozialen Bewegungen und Lebensgewohnheiten einfacher Menschen. Auch aus diesem Grunde war es wichtig, daß sich der Berliner Aufbau-Verlag 1976 dafür entschied, die »heitere Chronik einer Arbeiterbühne« mit dem Titel »Wunderbare Menschen« (1927) in sein Programm aufzunehmen.

Obwohl Grafs »Wunderbare Menschen« kurz vor dem autobiographischen Werk »Wir sind Gefangene« erschien, ist dieses Buch zeitlich, inhaltlich und gestalterisch als dessen direkte Fortsetzung zu sehen, da Oskar Maria Graf darin vor allem Geschehnisse und Begegnungen aus dem ersten Jahr seiner dreijährigen Arbeit als Dramaturg an der Münchner »Neuen Bühne« (1920-1923) gestaltet. Aber nicht nur in chronologischer Hinsicht bildet »Wunderbare Menschen« den direkten Anschluß an »Wir sind Gefangene«; die gleichen Bekenntnisworte, mit denen die umfangreiche Autobiographie ausklingt, leiten seine Theaterchronik ein: »...nachdem die Revolution und die beiden Münchener Räterepubliken durch eine wild gewordene Soldateska aus der Welt geschafft waren – (wußte ich), wohin ich gehörte und was ich ungefähr wollte.«[1]

Auch der konzeptionelle Zusammenhang beider Bücher ist eng. Die in »Wir sind Gefangene« gestaltete Niederlage der deutschen Novemberrevolution und der Münchener Räterepublik war für Graf und tausende Arbeiter eine der bittersten Erfahrungen ihres Lebens. Die Münchner »Neue Bühne«, die von den Arbeitern selbstlos erbaut, finanziert, gestaltet und mitgeleitet wurde, stellt Graf als einen Ort dar, an dem die Mitglieder ihr Zusammengehörigkeitsgefühl und das Bewußtsein ihrer Kraft wiederfanden. »Nach all den Niederschlägen ... schien hier etwas zu gelingen, das ganz dazu angetan war, das verlorengegangene Selbstbewußtsein und den erstorbenen Optimismus der Genossen zu stärken. Das war das Große an dieser kleinen Arbeiterbühne«.[2] Und obgleich der Kampf der Arbeiter um ihr Theater ebenfalls mit einer Niederlage endete, gewannen sie doch einiges, insbesondere ein Verhältnis zur darstellenden Kunst. Auch das Erlebnis der Klassensolidarität – eine Schweizer Gewerkschaft tilgte alle Schulden dieser Einrichtung – war für die Mitglieder der »Neuen Bühne« bedeutsam.

Aus einem solchen Gefühl und Besußtsein heraus wurde es Graf möglich, einen Erzählerstandpunkt einzunehmen, der eine heiter-optimistische Grundhaltung zuläßt. Der Dramaturg Graf war den Arbeitern ein Helfender (nicht mehr, wie in »Wir sind Gefangene«, ein Hilfesuchender) in der Auseinandersetzung mit dem Direktor und dem Schauspielerensemble; der Leser kann sofort Zugang zum Ich-Erzähler finden, da der Autor diesmal nicht eine auf Totalität zielende Gestaltungsweise, wie in jenem großen Bekenntnisbuch, sondern lockeres Stegreiferzählen bevorzugt. Bereits ein Vergleich der beiden Titel, »Wir sind Gefangene« – »Wunderbare Menschen« deutet den veränderten Blickwinkel an.

Es empfiehlt sich, den etwas spröden Untertitel, »Heitere Chronik einer Arbeiterbühne nebst meinen drolligen und traurigen Erlebnissen dortselbst«, ernst zu nehmen, da er eine hinreichende Genrebezeichnung einschließt. Der Chronist tritt hinter die Ereignisse um die »wunderbaren Menschen« zurück: Graf verzichtet weitestgehend darauf, die private Sphäre (Familie, Freundeskreis) und seinen eigenen literarischen Werdegang darzustellen. Eine Chronik ist Grafs Buch auch insofern, als es authentisch belegt, welche Stücke im Repertoire, welche Schauspieler engagiert waren, unter welchen materiellen und politischen Voraussetzungen die Bühne arbeitete. Überhaupt hat Oskar Maria Graf hier stärker als in den anderen autobiographischen Schriften Dokumente einbezogen. Die geringe Zeitdifferenz zwischen der Arbeit als Dramaturg und der Niederschrift des Manuskripts läßt die Vermutung zu, daß der Autor, der am Theater auch den gesamten Postverkehr abzuwickeln hatte, sich schon zwischen 1920 und 1923 Notizen für sein Buch machte und Materialien sammelte. Ein Satz wie »Da lief einmal ein Brief ein, den ich mir notiert habe«,[4] erhärtet diese Annahme.

Graf legt mit dem verstärkten Hinweis, daß diese »heitere Chronik mit drolligen und traurigen Erlebnissen« gekoppelt ist, den Akzent auf das Humorvolle. Und drollig ging es zu jener Zeit, geht es auch in diesem Buch zu. So werden Stücke vor allem danach befragt, ob sie weniger als acht Personen benötigen, weil sich sonst unüberwindbare Schwierigkeiten ergäben (der Dramatiker Gutzeit ist entschlossen, sein Volksstück von dreiundfünfzig auf die geforderte Personenzahl zu reduzieren), die Schauspieler werden vor allem bewundert, weil sie so viel auswendig lernen können, die Arbeiter musizieren zum Entsetzen des Direktors in der Theaterpause, und es wird von deftigen Schauspielerstreichen berichtet. Der Erzähler verfolgt auch den Werdegang der Leute, mit denen er als Dramaturg zusammentraf, über ihre komische, tragische oder tragikomische Episode hinaus.

Plastizität der Personenzeichnung erreicht Graf, neben einer Kennzeichnung des sozialen Milieus und des Äußeren der Gestalten, vor allem mit Mitteln des Sprachporträts, wobei er sich, vornehmlich in der direkten Rede, Eigenheiten des bayrischen Dialekts, wie etwa die doppelte Verneinung, nutzbar macht: »Ich kann's gar nicht begreifen, daß die Leute keine wahre Kunst nicht mögen! Hm-hm-hm! Jetzt gibt man sich doch eine solche Müh! ... Alles läuft in die Kinos, zu dem Schwindel, wo alles unreell ist! Und da, wo was wirklich Reelles geboten wird, da geht kein alter Hund rein!... Wo meinen denn Sie, Herr Dramaturg, daß so was herkommt? Kommt's am End doch daher, daß wir keine richtigen Stückn nicht haben?«[5] Diese Vermutung spricht der Packträger Lorenz Ehrhart (dem Graf die Chronik widmete) aus, obwohl einer der bedeutendsten Stückeschreiber unseres Jahrhunderts, Brecht, sich bei der »Neuen Bühne« bewarb – aber auch abgewiesen wurde, da das Figurenensemble von »Trommeln in der Nacht« das feuerpolizeilich geforderte Limit von acht Personen ebenfalls überschritt. 1927 war für Graf der Rang dieses Dramatikers offenkundig nicht erkennbar, und so schilderte er erst 1966 in seinem Buch »Gelächter von außen« die Begegnung mit ihm.

Graf verzichtet in »Wunderbare Menschen« auf tiefgreifende ästhetische Exkurse über das Theater der zwanziger Jahre. Er betont vielmehr, daß es bei der Stellung der Arbeiter zur Kunst (dieser seit Heine so wichtigen Frage) um ganz elementare Dinge ging, wie etwa um die Unterscheidung zwischen Realität und Kunstwirklichkeit.

In keinem anderen Werk hat Graf die Münchner Arbeiter so sympatisch gezeichnet, nirgendwo sonst stellte Oskar Maria Graf die Organisiertheit, Opferbereitschaft sowie das große Interesse für politische und kulturelle Fragen so überzeugend dar wie in der Theaterchronik »Wunderbare Menschen«. Die zeitgenössische Wirkung der Grafschen Theaterchronik ist in der Forschung ein weißer Fleck. Verglichen mit der Resonanz auf sein Buch »Wir sind Gefangene« kann man freilich nur von einer geringen Resonanz sprechen. Das Graf-Archiv bewahrt drei kleinere Rezensionen auf, die eine Betrachtung verdienen, zumal sie aus einer Zeit stammen, in der auf der deutschen Theaterszene entscheidende Veränderungen vorgehen. Ein Ereignis, wie die Absetzung Erwin Piscators als Spielleiter der Berliner Volksbühne (1927) etwa, ist im Kontext dieser Materialien mitzudenken.

Einer der wenigen Rezensenten des Buches ist Alfred Kantorowicz gewesen. Kantorowicz, der die Chronik für ergreifender hält als ihr Autor ahnen kann, berichtet aus eigener Anschauung. »Die Aufführungen dieses Theaters im Tanzsaal einer Kneipe waren, das sei in diesem Zusammenhang einmal bekannt, für uns damals in München studierende, literarisch interessierte junge Leute, ganz starke Erlebnisse. Vorstellungen wie Georg Kaisers ‚Von morgens bis mitternachts' mit Granach als Kassierer, von Felber mit den primitivsten Mitteln inszeniert, waren, gerade in dieser grotesken Umgebung, von einer elementaren und mit intensiven Spannungen geladenen Durchschlagkraft, die den meisten von uns unvergeßlich bleiben wird.«[5]

Ganz anders fällt das Urteil des Rezensenten der »Münchener Post« aus. Zu Anfang bemerkt H. E. (das ist: Hermann Eßwein), daß der Autor leider völlig versagt habe und beim Schreiben dieses Buches »von allen guten Geistern seines Humors verlassen« worden sei. Den Grund für dieses böse Urteil erfährt der Leser an späterer Stelle. Den Kritiker stören Grafs Bemerkungen zur Münchner Volksbühne, einer Institution, die sich seit der Jahrhundertwende allmählich zu einem kleinbürgerlichen Theaterverein entwickelt hat. H. E., der feststellen muß, daß das proletarische Theater »leider noch immer ein beliebtes Thema« ist, spricht Graf »in schärfster Form die intellektuelle und ethische Befugnis« ab, über das Verhältnis von Volks- und Arbeiterbühne zu urteilen. In den Schlußsentenzen zeigt er dann unverblümt, wes Geistes Kind er ist. »Es wird von seiner Exhumierung der armen Theaterleiche von der Senefelderstraße nur für ihn selber blamabler, sachlich undiskutierbarer Stank aufgewirbelt. Graf klagt beweglich an der Leiche eines Unternehmens, das er selber nach Kräften hat umbringen helfen. Es wäre der Neuen Bühne bei ihren Lebzeiten sicherlich besser ergangen, wenn Felber etwas eifriger die ominöse Stricknadel gegen das revolutionäre Hinterteil seines famosen Dramaturgen und Conferenciers gehandhabt hätte.«[6]

In dieselbe Richtung geht eine »Berichtigung« mit dem Untertitel »Münchner Volksbühne gegen Oskar Maria Graf«, die auf eine Rezension Max Herrmann-Neisses reagiert. Zur Ehrenrettung der Unterzeichner dieses Artikels, zu denen Stadtrat Mauerer und Justizrat Dr. Strauß gehören, muß gesagt werden, daß der Ton wesentlich sachlicher gehalten ist.

Die Verfasser lesen aus Grafs Darstellung heraus, daß die Vereinigung der Neuen Bühne mit der Volksbühne lediglich an einer belanglosen Äußerlichkeit, dem Mangel an Klappstühlen und bequemen Sitzen, gescheitert wäre. Aufschlußreich für die Handhabung der autobiographischen Methode durch Graf, der an einem Detail mit Mitteln dichterischer Überhöhung brisante weltanschauliche und ökonomische Probleme sichtbar macht, ist die ebenfalls in dieser Zeitung gedruckte Antwort Max Herrmann-Neisses.

»Ich habe mich in meiner Kritik natürlich auf die Angaben des Grafschen Buches verlassen und sie von vornherein als wahr unterstellt, denn weder kannte ich die örtlichen Verhältnisse aus eigener Anschauung, noch hatte ich Gelegenheit, mich aus einer anderen Quelle zu unterrichten. Ich betone ja in meinem Referat ausdrücklich, daß ich Grafs Buch für ein ‚Faktenbuch‘, für einen ‚gewissenhaften Bericht‘ hielt. Irgendwelche Personen herabzusetzen, lag mir gänzlich fern – von den bei Graf erwähnten Menschen kenne ich nur den Schauspieler Alexander Granach, den ich herzlich gern habe. So ging ich wirklich ohne vorgefaßte Meinung, unbeeinflußt, für keine Partei eingenommen, an Grafs Buch heran und schloß aus dem mir sympathischen, schlichten, ehrlichen Ton seiner Schilderung auf die wohlfundierte Richtigkeit aller seiner Detailangaben.«[7]

Anmerkungen

[1] Oskar Maria Graf, Wunderbare Menschen – Heitere Chronik einer Arbeiterbühne nebst meinen drolligen und traurigen Erlebnissen dortselbst. Berlin 1976, S. 9.
[2] Ebenda, S. 82.
[3] Ebenda, S. 71.
[4] Ebenda, S 29.
[5] Alfred Kantorowicz, »Wunderbare Menschen« – Ein neues Buch von Oskar Maria Graf. In: Vossische Zeitung vom 4. Dezember 1927. Graf-Archiv, Box 40, Folder 25.
[6] H.E., Auch ein Beitrag zur Münchner Theatergeschichte. In: Münchener Post, 14. Oktober 1927, S. 3. Graf-Archiv Box 40, Folder 25.

[7] »Münchner Arbeiterbühne 1920« – Münchner Arbeiterbühne gegen Oskar Maria Graf, 22. Januar 1928. Graf-Archiv Box 40, Folder 25. Max Herrmann-Neisses Rezension »Münchner Arbeiterbühne 1920 – Zu dem Buch von Oskar Maria Graf« erschien in der »Frankfurter Zeitung« vom 2. Januar 1928 auf den Seiten 5 und 6.

Krieg und Nachkrieg – Literarischer Durchbruch mit dem Bekenntnisbuch »Wir sind Gefangene« (1927)

Da mit »Frühzeit« der erste und kürzere Teil von »Wir sind Gefangene« bereits betrachtet worden ist, soll nun der vier bis fünf Jahre später entstandene zweite Teil »Schritt für Schritt« im Zentrum der Überlegungen stehen. Um die Ganzheit von »Wir sind Gefangene« zu wahren, wird mit einem Textvergleich zwischen der Originalschrift »Frühzeit« (1922) und dem gleichbetitelten ersten Teil von »Wir sind Gefangene« begonnen. Der zweite Teil betrachtet lediglich den Zeitraum 1917 bis 1919. Deshalb wird Grafs Darstellung der Novemberrevolution, der Münchner Räterepublik und der Konterrevolution in diesem Teil der Untersuchung ein besonderer Stellenwert zuerkannt.

Um es vorwegzunehmen: Die Unterschiede zwischen beiden Fassungen sind nicht gravierend, jedoch auch nicht so minimal, daß sie des Erörterns nicht wert wären. In der Graf-Forschung fanden diese Divergenzen bisher keine Beachtung.

Es ergeben sich zwei Möglichkeiten für das Zustandekommen der Textvarianten. Einmal wäre denkbar, daß Graf dem Malik-Verlag 1921 ein umfangreicheres Manuskript abgegeben hat, das dann auf die gedruckte Fassung zusammengestrichen worden ist. Diese Möglichkeit ist wenig wahrscheinlich und schwer nachweisbar. Der Textvergleich untermauert vielmehr die Hypothese, daß Graf Mitte der zwanziger Jahre, als er darangeht, den zweiten Teil zu schreiben, den ersten noch einmal gründlich überarbeitet und für die Gesamtkonzeption von »Wir sind Gefangene« stimmiger gestaltet.

Worin bestehen die Hauptunterschiede beider Fassungen? Sofort fällt ins Auge, daß die zweite Fassung nicht 19 sondern 21 Kapitel umfaßt. Zum einen ergänzt der Autor das Buch um das Kapitel »Eine schiefe Sache«. In ihm wird berichtet, wie Oskar auf sehr schäbige Weise das Ersparte seines Bruders Maurus durchbringt. Diese Einfügung hat zur Folge, daß in den nächsten Kapiteln der Zweitfassung darauf Bezug genommen werden kann. Zum anderen wird ein siebenseitiges Kapitel »Zweimal gehängt« eingefügt, das vor allem Franz Jung vorbehalten ist.

Einige von Graf ergänzte Episoden und Reflexionspassagen, die Oskar als Individuum und soziales Wesen noch deutlicher charakterisieren, seien hier aufgeführt: Die Kindheit des Helden wird etwas breiter dargestellt, vor allem kommen Schilderungen deftiger Lausbubengeschichten hinzu. Wichtiger aber ist, daß Oskar in der Zweitfassung (am Schluß des 3. Kapitels »Die Flucht«) das Ende der Kindheit deutlicher begreift: »Es war gleichsam, als würde mir jetzt erst klar, daß ich mich nun nur auf mich zu verlassen habe.

Ich schaute noch einmal über die Pferdeweide, die inmitten des Talkessels lag, erinnerte mich an alles, an das Schießen, Indianerspielen, Zerstören und Pferdejagen und mir wurde jämmerlich weich zumute.«[1]

Hervorhebenswert ist auch, daß Fragen der Kunst und Literatur, der Politik und Philosophie für den Helden mehr Bedeutung erlangen. Kunstdiskussionen und philosophische Debatten (vor allem mit Franz Jung und Georg Schrimpf) werden weiter ausgebaut. Schließlich sei noch eine später ergänzte Episode genannt, die den naiven Burschen vom Lande sehr drastisch die prosaischen Zustände der Großstadt erkennen lassen: Sein nach Amerika ausgewanderter Bruder Eugen bittet ihn, bei den Huren Irrigatoren abzusetzen. Oskar lehnt das ab, zumal er weder die Fachbezeichnung noch den Zweck dieser Geräte kennt.

Nur ein einziges Mal wird aus konzeptionellen Gründen eine Textstelle nicht in die Endfassung übernommen. Es handelt sich lediglich um zwei Sätze, die kurz andeuten, wie die Handlung nach der Entlassung aus der Irrenanstalt Haar weitergeführt werden soll. Dies gehört bereits in den zweiten Teil der Autobiographie.

Will man Grafs Menschen- und Gesellschaftsbild charakterisieren – beide Kategorien lassen sich nicht trennen, dafür ist »Wir sind Gefangene« ein Demonstrationsfall[2] –, so bietet es sich an, den Blick vorerst auf den Helden der Autobiographie zu lenken.

Die im Leben des Autors lange Zeit unentschiedene politische Haltung kommt der literarischen Gestaltung insofern entgegen, als es Graf mit der autobiographischen Heldenwahl gelingt, ein umfangreiches Panorama Bayerns der Jahre 1917-1919 zu geben. Wie jeder Autobiographienschreiber steht Graf vor der gestalterischen Schwierigkeit, dem Leser authentisch vorzuführen, was er erlebte und wie er *damals* darüber gedacht hat. Desweiteren baut er eine Distanz auf, um vorzuführen, wie er *heute*, zur Zeit des Schreibens, zu dem Geschilderten steht. Aus der Sicht der zwanziger Jahre hebt Graf beispielsweise Erscheinungen wie Rassenhetze und Judenverfolgung besonders hervor. So berichtet er, wie Oskar einen Zettel zugesteckt bekommt, auf dem steht: »Der Jude spricht dazwischen! Deutsche, besinnt euch!«[3]

Der zweite Teil der Grafschen Selbstdarstellung weist eine künstlerisch überzeugende Exposition auf. Der Held, aus dem Krieg ausgebrochen und jetzt vermeintlich in Freiheit, wird im ersten Kapitel bei seiner nächtlichen Arbeit in der Keksfabrik (die in ihrer ganzen Abscheulichkeit geschildert wird) und im zweiten Kapitel in seinem Verhältnis zum anderen Geschlecht gezeigt. (Die dritte Sphäre menschlichen Lebens – das Auftreten in der Öffentlichkeit –, die namentlich in Versammlungen und bei der Gründung des »Bundes Freier Menschen« gestaltet wird, folgt in späteren Kapiteln.)

Oskar, der scheinbar grobschlächtig ist, reagiert in Wahrheit sehr sensibel, des öfteren weint oder tobt er. Graf analysiert mit rousseauscher Offenheit, wobei er das Exhibitionistische mitunter übertreibt. Hier sind Ansatzpunkte für eine mögliche Antipathie des Lesers gegen den Helden und damit gegen das Buch gegeben. Potentiell besteht die Gefahr, daß der Rezipient das Buch weglegt, bevor sich der »ganze Kerl« entpuppt hat. Der Autor zeigt dem Lesenden indessen an jeder Stelle, warum sich der Held bis zum Schluß willenlos treiben läßt.

Grafs Entscheidung für einen Helden, der von der Revolution enttäuscht ist, aber auch die Revolution enttäuscht, ist literaturgeschichtlich in einen größeren Zusammenhang zu stellen. In seinem Band »Gelächter von aussen« beschreibt er eine Episode aus seiner Münchner Dramaturgenzeit. Berichtet wird, wie der Dramaturg der Münchner Arbeiterbühne dem jungen Brecht das Stück »Trommeln in der Nacht« ungelesen zurückgibt. Die Konzeption von »Wir sind Gefangene« legt die Vermutung nahe, daß Oskar Maria Graf die Lektüre dieses Revolutionsstückes nachgeholt hat. Brechts »Auflehnung gegen eine zu verwerfende literarische Konvention« (die bei ihm »beinahe zur Verwerfung einer großen sozialen Auflehnung« führt[4]) richtet sich gegen die expressionistische O-Mensch-Dramatik, die die Frage nach dem Gut- oder Schlechtsein des Menschen abstrakt moralisch zu lösen versucht. Gegen diese Menschenkonzeption stellt Brecht mit Andreas Kragler bewußt einen »schlechten«, nur seine persönlichen Interessen wahrnehmenden Menschen, der, als die Revolution beginnt, mit der Geliebten ins Bett geht.[5]

Eine ähnliche Sicht auf seinen Helden gibt Graf. Im Gegensatz zu Brecht ist Graf jedoch ein Dichter, der dem Expressionismus stark verpflichtet gewesen ist. Obwohl Grafs expressionistische Gedichte in den zeitgenössischen und neueren Expressionismusanthologien fehlen, fanden sie bei Rilke und anderen Zeitgenossen einige Anerkennung und verhalfen ihm zu einem Stipendium. Graf ist niemals ein führender oder gar schulemachender Expressionist gewesen. Es ließen sich eher epigonale Elemente feststellen.

Die durch Krieg und Revolution verschärfte Krise des Expressionismus versucht Graf zu überwinden, indem er sich neue Positionen erarbeitet. Das bedeutet für ihn keinesfalls, auf einzelne expressionistische Motive und Stilelemente bei der Darstellung seines Lebens zu verzichten.

Während das erste Gedicht seines Zyklus »Die Revolutionäre« (1918) noch sendungsbewußt mit »Wohlan! Horcht auf! Durch mich singt sich das Lied, das Eure Sendung hißt«[6] beginnt, versucht er kurz danach mit »Frühzeit« einen neuen Weg zu gehen.

Zu Beginn der zwanziger Jahre bildet sich bei Graf ein Gefühl für die ihm und der Zeit gemäßen Darstellungsmittel heraus. Er kommt nach einigen »Nebenarbeiten« zum autobiographischen Genre. Es ist einsehbar, daß der Autodidakt Graf den Menschen nur als historisch bedingtes Wesen fassen kann, wenn er unmittelbar auf das von ihm selbst Durchmessene (Flucht, Italien, Krieg, Revolution, Konterrevolution) zurückgreift.

Zieht man seinerzeit viel benutzte Nachschlagewerke der DDR zu Rate, um sich über die Genrespezifik von »Wir sind Gefangene« zu informieren, erhält man unbefriedigende Auskünfte: In der »Geschichte der deutschen Literatur« spricht man von einem Roman beziehungsweise von einem autobiographischen Roman.[7] Die Verfasser des »Romanführers« haben Grafs Text in ihre Auswahl einbezogen und operieren mit dem Begriff der autobiographischen Aufzeichnung.[8]

Es handelt sich im Falle Grafs jedoch um eine Autobiographie nach Goetheschem Muster, in der der »Mensch in seinen Zeitverhältnissen« dargestellt wird und der Autor zeigt, »inwiefern ihm das Ganze widerstrebt, inwiefern es ihn begünstigt, wie er sie, wenn er Künstler, Dichter, Schriftsteller ist, wieder nach außen abgespiegelt.«[9]

Der Roman dagegen soll nach Goethe »eigentlich das wahre Leben sein, nur folgerecht, was dem Leben abgeht.«[10] Grafs Schilderung ist im Sinne einer Romankonzeption alles andere als »folgerecht«, sondern sie zeigt im Gegenteil vorrangig die Wirren und Umwege der Entwicklung des Individuums, wie sie sich real im Leben des Autors ereignet haben. Es wird ein möglicher Werdegang zum Tierarzt, Erfinder, Bäcker, Mühlenarbeiter, Berufsrevolutionär oder Schriftsteller angedeutet. In der Abgrenzung vom autobiographischen Entwicklungsroman (etwa von Bechers »Abschied«) bietet es sich an, »Wir sind Gefangene« als eine Autobiographie mit romanhaften Zügen zu bezeichnen. Romanhaft wären beispielsweise die erzählerische Überhöhung einzelner Episoden, die Symbol- und Motivverwendung sowie die Tatsache, daß Graf, wohl aus Gründen persönlicher Rücksicht, einige Gestalten – Maria Uhden (Uhla), Georg Schrimpf (Schorsch), Mirjam Sachs, Grafs zweite Frau (schwarzes Fräulein) u. a. – hinter anderen Namen und Bezeichnungen »versteckt«.

Es gilt längst als gesichert, daß eine Autobiographie (besonders die eines Schriftstellers) nicht ein dürrer Bericht sein muß, der neben dem künstlerischen Werk steht, sondern, wie der Roman, eine Erzählstruktur besitzt, eine durchdachte Auswahl der Episoden erfordert, symbolische und motivische Gestaltung aufweisen kann usw. Eine Gegenüberstellung: Kunstwerk oder Dokument, verbietet sich bei einer Betrachtung von »Wir sind Gefangene« von vornherein. Graf will, wie er in der Vorbemerkung schreibt, »ein menschliches Dokument dieser Zeit« geben.

Es ist legitim, daß aus »Wir sind Gefangene« in einer historischen Monographie über die Münchner Räterepublik mehrmals zitiert wird[11] und ein Ausschnitt desselben Buches in einem Band »Zeugnisse« über die Bayerische Räterepublik abgedruckt ist.[12]

Graf ist in der Tat um eine authentische Darstellung (besonders der Münchner Ereignisse 1917-1919) bemüht, nur erweisen sich die meisten der angegebenen »Dokumente« als fiktiv, beziehungsweise lassen sich nicht als »Originaldokumente« nachweisen. Das gilt für Briefe der Mutter ebenso wie für Reden und Aufrufe führender Revolutionäre. Die Schaffung fiktiver »Dokumente« schließt nicht aus, daß er das Wesentliche überliefert und den Sprachduktus der Personen trifft. Es kommt hinzu, daß der Autor, zumal in seiner Jugendzeit, kein systematischer Sammler von Dokumenten gewesen ist. Für die retrospektive Darstellung in der Autobiographie (darauf macht schon Goethe aufmerksam) ist das Einfügen von Briefen und Tagebuchpassagen ohnehin nur bedingt geeignet, vor allem wenn dies kommentarlos geschieht.[13]

Noch bevor die Revolution spürbar in das Leben Oskars eintritt, gibt er seiner Frau den Rat: »Schlaf einfach weiter!... Man kann nichts tun als schlafen, bis die Revolution kommt!«[14] Die Revolution ist für Oskar etwas Unvorstellbares, eine Art Allheilmittel. Nachdem der Held von der Illusion befreit ist, daß durch Geldbesitz für ihn alles »ganz anders« werden könnte, erhofft er durch die Revolution ein radikales

Anderswerden. Dieses auch in Bechers Lyrik und im Roman »Abschied« entfaltete expressionistische Motiv durchzieht Grafs Autobiographie.

Nach den ersten revolutionären Ereignissen versucht Oskar einen Schlußpunkt unter seine unglückliche Ehe zu setzen, geht nicht mehr zur Arbeit usw. Bei einer solch naiven Haltung des Helden zur Revolution sind weitere Enttäuschungen vorprogrammiert. Die Passivität des Außenstehenden macht Graf dadurch sichtbar, daß Oskar bei wichtigen Revolutionsereignissen stets von Freunden aus dem Schlaf geweckt wird und seine Aktivität immer zunimmt, wenn er zufällig, meist auf der Straße, einem Anarchisten oder einem Revolutionär begegnet.

Die Zeit vor der Revolution nutzt Oskar, sich theoretisch zu bilden: Er hört Eisner, liest Landauer, Stirner, den »Aufruf der Bolschewiki« und anderes. Wie einseitig und sporadisch dieses Studium (durch den Helden und in ähnlicher Weise durch den Autor) verlaufen ist, wird an folgendem deutlich: »Jeder Mensch begreift stets nur zu seinen Gunsten. Als mir damals der marxistische Satz ‚Der Mensch ist ein Produkt der Gesellschaft' solchermaßen klar geworden war, erfüllte mich diese beinahe einem Freispruch gleichkommende Erkenntnis zeitweise mit hemmungsloser Freiheit.«[15]

Enttäuscht konstatiert Oskar (im Sinne der Marxschen These, nach der auf eine halbe Revolution eine ganze Konterrevolution folgt),[16] daß die Revolutionäre die Machtfrage nicht entschieden genug gestellt hatten. Sobald der Ich-Erzähler jedoch verallgemeinert, kann man nur bedingt folgen, da er die Machtfrage abstrakt-moralisch stellt. »›Ruhe und Ordnung! Friede! Kein Blutvergießen! Keinen Brudermord! Nie wieder Krieg!‹ tönte aus all diesen Kundgebungen. Man war durch und durch pazifistisch von links bis rechts, aber man bekämpfte sich mit allen Mitteln, man schoß aufeinander wie im Krieg. Jede Partei predigte Versöhnung, strebte aber unentwegt nach alleiniger Macht.«[17]

Die vorstehend praktizierte Betrachtungsweise wird Graf jedoch nur zum Teil gerecht: zwar dem wertenden Berichterstatter Graf, zu wenig aber dem Dichter. Es ist schwer, wenn nicht unmöglich, den Helden knapp zu charakterisieren. Gerade das widersprüchliche Hinundhergeworfensein Oskars macht den ästhetischen Reiz des Buches aus. Einige Beispiele sollen dies belegen:
– Als Oskar allein im Zimmer sitzt und nachdenkt, wie er der Revolution dienen könne, beginnt sein Magen zu knurren. Er rennt wieder zu dem holländischen Millionär, dem er (da er Ausländer ist) kurz darauf empfiehlt, seinen Garten zur neutralen Räterepublik zu erklären.

– Da die Novemberrevolution die persönliche Misere des Helden nicht beseitigt, geht er heimlich in die Kirche, ohne dort den gesuchten Halt zu finden.
– Zur Zeit, da die Weimarer Verfassung proklamiert wird, sitzt Oskar an der Ausarbeitung eines Programms zur Beseitigung der Not, das den Ausweg in »Selbstversorgungsverbänden« sieht. Sie sollen auf der Basis der Wilddieberei arbeiten.
– Gegen Ende des Buches, als die Konterrevolution gesiegt hat, treten die Vorbehalte gegen die Spartakisten weitestgehend zurück. Es wird anerkannt, daß sie es gewesen sind, die bis zum Ende für die Revolution gekämpft haben. Oskar beginnt zu begreifen, wohin und zu wem er gehört.

»Überall zogen lange Reihen verhafteter, zerschundener, blutiggeschlagener Arbeiter mit hochgehaltenen Armen. Seitlich, hinten und vorne marschierten Soldaten, brüllten, wenn ein erlahmter Arm niedersinken wollte, stießen mit Gewehrkolben in die Rippen, schlugen mit Fäusten auf die Zitternden ein. Ich wollte aufschreien, biß aber nur die Zähne fest aufeinander und schluckte. Das Weinen stand mir hinter den Augen. Ich fing manchen Blick auf und brach fast um, sammelte mich wieder und sah einem anderen Verhafteten ins Auge.

Das sind alle meine Brüder, dachte ich zerknirscht, man hat sie zur Welt gebracht, großgeprügelt, hinausgeschmissen, sie sind zu einem Meister gekommen, das Prügeln ging weiter, als Gesellen hat man sie ausgenützt und schließlich sind sie Soldaten geworden und haben für die gekämpft, die sie prügelten.

Und jetzt?

Sie sind alle Hunde gewesen wie ich, haben ihr Leben lang kuschen und sich ducken müssen, und jetzt, weil sie beißen wollten, schlägt man sie tot.

Wir sind Gefangene ! ....«.[18]

Das im Text entwickelte Titelmotiv versinnbildlicht im »Wir« die Einheit des Helden mit den Geschundenen. Diese Verbindung bleibt (im Symbol der Verbrüderung) während des ganzen Buches, wie auch im »Epilog«, auf der metaphorischen Ebene. Die Dialektik von Frei- und Gefangensein durchzieht motivisch beide Teile von Grafs Buch, was an biographischen Stationen deutlich wird: unbelastete Kindheit, Flucht – Krieg – Irrenanstalt, Entlassung (1. Teil), Schinderei in verschiedenen Berufen – zweimalige Haft, erneute Entlassung (mit der der II. Teil endet).

Interessanterweise findet sich der Buchtitel »Wir sind Gefangene« an versteckter Stelle in Grafs Werk bereits 1924 in der Erzählung »Der Traumdeuter – Aus einer bayrischen Familienchronik«, einer Vorarbeit zu dem Roman »Die Heimsuchung« wieder. Ihr II. Teil heißt »Wir sind Gefangene«. Aus einer wahrscheinlich fiktiven Quelle zitierend, entwikkelt Graf das Motiv des Gefangenseins hier als etwas Mystisches, an das Blut der Ahnen Gebundenes. Es ist kein Zufall, daß die Nationalsozialisten 1933 vor allem wegen eines solchen Buches Graf vorerst nicht auf den Index der verbotenen Autoren gesetzt haben. »Und während wir vermeinen, das Leben läge frei vor uns und wir brauchten nur zu gehen, wie es uns gefällt, wird der Ring immer enger um uns, und wir werden mit einem Male inne, daß wir einer langen Kette Glieder sind und *Gefangene* (Hervorhebung – U. K.) des Blutes, das dem Ersten und der Unsrigen bei Lebzeiten Atem und Kraft gegeben hat.«[19]

Wie gestaltete Graf in seinem Lebensbericht den künstlerischen Werdegang, welchen Stellenwert mißt er der Literatur bei? »Dichter kann man nicht werden! Man ist einer! Sie sind einer, Herr Graf!«[20] Diese Worte spricht Professor Roman Wörner, einer der wichtigen Mentoren Oskars, nachdem er einige Gedichte des aufstrebenden Autors gelesen hat. Dieser ironisch, aber sympathisch gezeichnete Münchner Professor ist der Erste, der Oskar lobt. Wenn Wörner auch die Begabung des jungen Lyrikers überschätzt und ihn zudem animiert, sich als Dramatiker zu versuchen, was völlig fehlschlägt, so gibt ihm die Entwicklung Oskars (und die des Autors) mit dieser Behauptung recht.

Es gibt verschiedene Gründe dafür, daß Oskar zum Literaten wird. Für den körperlich robusten Zehnjährigen ist bedeutsam, daß er die Unterdrückung durch den großen Bruder psychisch nur schwer erträgt. Ungestörte Lektüre, zu der ihn vor allem sein Bruder Maurus anhält – bis in die Nachkriegszeit hinein gilt dieser als einer der belesensten Caféhausbesitzer der Gegend – dient ihm vorerst als Lebensersatz. Fast simultan zu der rezeptiven Seite des Literaturprozesses (dem Lesen), setzt bei Oskar das Schreiben ein. Seine ersten Gedichte, die er den Geschwistern mit ungeheurem Pathos vorträgt, gefallen ihm nicht schlechter als die Goethes, Schillers und Uhlands. »Meistens«, schreibt Graf in einer Passage, die nur in der Zweitfassung von »Frühzeit« zu finden ist, »wenn ich wieder eine Dichtung fertig hatte, leitete ich sie mit einer romantischen Erzählung über einen Dichter ein und unterließ es nicht, Vergleiche zu machen. Dabei wurden mir – glaube ich – die

Gestalten klarer, als wenn mir's einer geschildert hätte. Meine Erzählungen klangen, als hätte ich Grabbe, Schiller und all diese großen Leute persönlich gekannt. Einmal, so dachte ich, werde auch ich aus der Verkanntheit aufsteigen, und die ganze Welt wird auch mich bestaunen.«[21]

An diesem selbstironischen Zitat ist zugleich bemerkenswert, wie Graf auf den Keim seiner Erzählfertigkeit verweist: das mündlich Tradierbare.

Mit diesem Debüt als Lyriker und vortragender Erzähler geht der Versuch einer, gemeinsam mit den Geschwistern eine Bibliothek anzuschaffen. Den Widerspruch zwischen Geist und Macht spürt Oskar recht bald, da sein Bruder Max von dem nutzlosen Schreiben und Lesen (ganz zu schweigen von den kostspieligen Buchanschaffungen) nichts erfahren darf. Obgleich Oskar und seine Geschwister nur wenig von der Lektüre verstehen und sie sich an ihr »berauschen« wie an einem »wohltuenden Gebet«,[22] bedeutet ihnen die Literatur viel. Eine Lesemotivation für Oskar ist, etwas kennenzulernen, das den Geschwistern noch unbekannt ist.

Aufschlußreich ist, genauer zu betrachten, welche Bücher Oskar vor allem kauft und liest. Als erstes besorgt er sich die Werke Schillers, Lessings, Petöfis, Mörikes, Lenaus und Grabbes. Für den Siebzehnjährigen kommen Namen wie Shakespeare, Heine, Maupassant, Balzac, Flaubert, Zola, Strindberg, Ibsen, Wedekind, Tolstoi, aber auch Schopenhauer, Nietzsche, Herzen, Bakunin u. a. hinzu. Allein an dieser Aufzählung wird sichtbar, daß bereits der junge Graf ein weltliterarisch gebildeter Autor ist. (Zeitweise spielt er den Unbelesenen.) Andere Äußerungen belegen noch überzeugender, daß die großen deutschsprachigen und europäischen Erzähler des 19. Jahrhunderts für sein Gesamtwerk besonders von Belang sind. Im 8. Kapitel des 2. Teils (»Die Literatur beginnt«) gibt Graf ein umfangreiches Bild der vorrevolutionären Literatur- und Kunstsituation, indem er Oskar in verschiedenen Bereichen des literarischen Lebens darstellt.

Es ist wichtig herauszustellen, daß die Zentralfigur neben ihrer Tätigkeit als Bäcker, Soldat, Mühlenarbeiter usw. die Wirklichkeit rechtzeitig auch (keinesfalls in erster Linie) über die Literatur- und Kunstverhältnisse kennenlernt, beispielsweise, als ihn ein »Verleger« um sein ganzes Vermögen bringt. Nach solchen Erfahrungen verwundert es nicht, daß der Held, fest entschlossen, Schriftsteller zu werden, die Literatur auch mit unlauteren Mitteln »beginnt«.

Oskar, der sich, da er verheiratet ist, nun nicht nur um sich zu kümmern hat, ist bemüht, auf vielfältige Weise zu Geld zu kommen. Geld bedeutet für ihn stets »Amen und Anfang«.[23]

Der Ich-Erzähler berichtet, wie er bei einer Versandbuchhandlung auf Teilzahlung Heinrich Manns gesammelte Werke bestellt, erhält und sofort im Antiquariat verkauft. Er entwirft einen umfangreichen Ankaufplan und versetzt außerdem Dutzende von ihm flüchtig rezensierter Bücher. Oskar »perfektioniert« seine Rezensionstätigkeit, indem er dazu übergeht, die Bücher ungelesen nur noch zu loben, was eines Tages publik wird und das Geschäft verdirbt.

Während Oskars dichterische Bemühungen nicht völlig fehlschlagen (einige Schnurren, Gedichte und Geschichten erscheinen mitunter, auch seinen Künstlernamen Oskar *Maria* Graf legt er sich zu), scheitern seine Pläne als Zeitschriftenherausgeber völlig.

Eine weitere Möglichkeit, in der Literatur Fuß zu fassen, ist für Oskar, Bittbriefe an verschiedene Institutionen (Schutzverband Deutscher Schriftsteller – SDS, Kriegsbeihilfe des Roten Kreuzes) und Personen (Barone, Kommerzienräte) zu richten. Zu den Angeschriebenen gehört auch der bayrische Erfolgsautor Ludwig Ganghofer. Um die Episode des Ganghofer-Besuches, die transparent macht, daß der Riß, der durch die Welt geht, sich ebenso durch die Parteiungen der Dichter zieht, ergänzt Graf seine Lebensdarstellung in »Gelächter von aussen«.

Es ist wesentlich für Grafs Literaturbewertung, daß er Dichter und Intellektuelle, die, aller materiellen Sorgen ledig sind und sich nur auf der »geistigen Ebene« bewegen, distanziert-ironisch oder satirisch vorführt. Am eigenen Beispiel stellt er dar, wie eng die materiellen Schranken für einen Dichter von »unten« sind.

So verspottet Graf einen Helfer des Roten Kreuzes, der unablässig von Kleist, Dichtung und Ethik spricht und nicht spürt, wie eiskalt es im Atelier ist, obwohl ihm die Nase läuft und Oskar, in Hemdsärmeln vor ihm stehend, zittert. Als Oskar nach einigen mißglückten Versuchen auf dem Sektor der Politik wieder dichten will (Dichtung und Politik fallen für ihn noch deutlich auseinander), passiert folgendes. »Ich wollte zeigen, was ich könnte und lud allerhand Leute zu einem Vorleseabend in meinem Atelier ein. Rilke, der Holländer mit Marietta, Karl Wolfskehl, die Dame mit einer Freundin, lauter feines Volk kam. Aber der Ofen rauchte derart, daß die Herrschaften schon nach kurzer Zeit gleichsam die Flucht ergriffen.«[24] Bei einem solchen Textausschnitt (und bei vielen anderen) wäre prüfend die Frage zu stellen, ob der Zeitpunkt dieser

Begebenheit (Spätherbst 1918) stimmt, ob sich der Autor exakt an alle Teilnehmer erinnert usw. Diese und ähnliche Fragen nach der faktischen Richtigkeit sind schwer zu beantworten. Halten wir es mit Goethe, der diesbezüglich sagte, »ein Faktum unseres Lebens gilt nicht, insofern es wahr ist, sondern insofern es etwas zu bedeuten hat.«[25]

Es gibt in Grafs Werk nicht viele Äußerungen zur eigenen poetischen Methode. In »Wir sind Gefangene« findet man vereinzelt poetologische Sentenzen. Vor allem in den ersten beiden Beispielen handelt es sich nicht unmittelbar um Schaffensprobleme des Autors, als vielmehr um die der Kunstfigur Oskar.

Als der junge Schriftsteller nach einer repräsentativen Gattin Ausschau hält, kalkuliert er: »..., jetzt, wo solche Männernot ist, kann man einen recht guten Fang machen , ... Und außerdem – alle großen Dichter haben ihre Stoffe aus den Frauen geholt. Das gibt auch Anregung! Das sagt schon Schiller, und Goethe erst recht! Alle betonen das mehr oder weniger. –«[26] Oder, um ein zweites Beispiel anzuführen: Im Januar 1918, als Oskar im Gefängnis sitzt, reflektiert er: »Hm, ..., das kannst du später einmal alles schildern, das gibt vielleicht eine schöne Geschichte: Sehr schön, sehr schön! Eigentlich ist für einen Dichter alles rentabel. Im Ungefähren formte ich auch schon einzelne Szenen und wurde ganz zufrieden mit meiner Lage.«[27]

Der ironische Erzählerstandpunkt weist darauf hin, daß es grundfalsch wäre, die naiven poetologischen Vorstellungen des Helden mit denen des Autors Mitte der zwanziger Jahre gleichzusetzen.

Ein weiteres »Schaffensproblem« Oskars führt der Autor vor: Es besteht darin, daß der Ich-Erzähler immer dann nicht dichten kann, wenn er sich schäbig benimmt, sich vor sich selbst ekelt. Besonders für die Zeit der Orgien bei dem Holländer, als Oskar mit Lebensmittelschmuggel beschäftigt ist, trifft dies zu. Seine »künstlerische« Tätigkeit reduziert sich in solchen Zeiten darauf, den Unterhalter, den Possenreißer zu spielen.

Es kann hier nur angedeutet werden, welche Bewertung der Expressionismus, die Münchner Bohème und der Revolutionäre Künstlerrat erfahren. Von der Begeisterung Grafs für den Expressionismus und die Beeinflussung durch ihn, ist schon gesprochen worden. Trotzdem spürt der Leser im Buch eine immanente Distanz zu bestimmten Personen und Erscheinungen, die es ermöglicht, ein vergleichsweise gerechtes Bild von den Künstlern des expressionistischen Jahrzehnts zu zeichnen. Besuche im Café »Simplizissimus« 1917 schildert Oskar Maria Graf folgendermaßen: »... dort lernte ich eine Unmenge Leute kennen. Maler, Kabarettistinnen, verkrachte Existenzen, begabte Zuhälter, Säufer, Kokainisten und Gelegenheitskokotten, Schieber und Studenten, kunstgewerbliche Mädchen und pazifistische Dichter. Jeder schlug sich auf seine Art durchs Leben. Von Ethik, Menschheit und Kunst diskutierte man, von Seifen und sonstigen Schieberwaren, die waggonweise angeboten wurden. Man pumpte untereinander. Klatsch, Geschäft, Erotik, fixe Ideen, Morphium und Kokain gab es hier. Jeder war der Richter über den anderen, freilich sprach er nur seine Meinung aus und erwartete nichts weiter, als daß man ihm zuhörte. Man schwamm sozusagen durch die Zeit und klammerte sich an seine Nichtigkeit.«[28] Mit diesen und anderen »Stimmungsberichten«, die in ihrer Treffsicherheit und Dichte – bis hin zur Verwendung der Alliteration – kaum zu überbieten sind, fängt Graf die Atmosphäre der Bohème ein.

Zusammenfassend läßt sich feststellen, daß die Literatur für Oskars Werdegang von großer Wichtigkeit ist, wenn er auch nicht primär durch sie der wird, der er am Ende ist. Stets an bestimmten Krisen- und Tiefpunkten in Oskars Leben gelingt es ihm, schreibend darüber hinwegzukommen. Den Tod seiner Schwester Emma kann er nur durch eine Flucht in die Natur ertragen, bei der ein (im Text abgedrucktes) philosophisches Gedicht entsteht. Eine ähnliche Funktion des Sich-Frei-Schreibens, des Zu-sich-Findens haben auch mehrere Briefe Oskars an das schwarze Fräulein. Den besonderen Stellenwert des Dichtens für den Helden macht der Autor in dem lyrischen »Epilog« sichtbar. Oskar befindet sich während eines Unwetters in einer einsamen Dünenlandschaft. Graf geht hier über das Stoffliche seiner Lebensbeschreibung hinaus und rückt die Darstellung ins Metaphorische. Oskar versucht, diesen Zustand dichtend zu bewältigen. Mit folgendem, deutliche Bezüge zur Gesamtkonzeption von »Wir sind Gefangene« aufweisenden Gedicht klingt Grafs Autobiographie aus – erstaunlicherweise auch bereits der »Epilog« zu »Frühzeit«:

»Das Ende brach zusammen hinter mir.
Anfang hat morgenfrisch die Tore aufgetan.

Der Boden unter meinen Füßen klingt,
und hoffend straffen sich die Schritte.
Noch einmal aber raste ich, um ins Vergangne auszuschauen,
und sehe Brüder aus dem Nebel näher kommen,

auf gleichem Weg und gleichgebeugt von Last und Prüfung.
Auf ihre Stirnen hat das Tägliche und alle stumme Not der Zeit
ein helles »D o c h« geschrieben. -
Wir sehen uns nur an
und schreiten weiter, Mann für Mann.
Denn jenes Ewige, das Gott so züchtigt, weil er es unendlich liebt,
ist tief in unsrem Blut geblieben
und strahlt uns wie ein Gnadenlicht voran - - - - «[29]

Anmerkungen

[1] Graf, Wir sind Gefangene, München 1927, S. 39.
[2] Vgl. Hans Kaufmann, Zum Menschenbild in der deutschen Literatur der ersten Hälfte des zwanzigsten Jahrhunderts. In: Deutsch als Fremdsprache, 7. Jahrgang, Heft 1-2/1970, S. 129-135.
[3] Graf, Wir sind Gefangene, a. a. O., S. 460.
[4] Bertolt Brecht, Bei Durchsicht meiner Frühen Stücke. Stücke, Band 1, Berlin/DDR 1955, S. 460.
[5] Vgl. Hans Kaufmann, Drama der Revolution und des Individualismus. Brechts »Trommeln in der Nacht«. In: Analysen, Argumente, Anregungen, Berlin 1973, S. 117-136.
[6] Graf, Die Revolutionäre, Dresden 1918, S. 6.
Paul Michael Lützeler gehört mit seiner Studie »Oskar Maria Graf und die Münchner Revolution 1918/1919« zu den wenigen Forschern, die Grafs expressionistische Lyrik umfassender untersuchten. In: Beschreibung eines Volksschriftstellers, München 1974, S. 123-146.
[7] Vgl. Geschichte der deutschen Literatur - Von 1917-1945, Bd. 10, Berlin (DDR), 1973, S. 344.
[8] Romanführer A-Z, Berlin 1974, Band II/1, S. 268.
[9] Johann Wolfgang Goethe, Dichtung und Wahrheit. Weimarer Ausgabe, Band 13, Berlin 1960, S. 11.
[10] Johanna Schopenhauer, Gabriele: In: Über Kunst und Altertum, Jahrgang 1823, Band 4, Heft 1; Goethe, Weimarer Ausgabe I, Band 41, 2, S. 6.
[11] Hans Beyer, Von der Novemberrevolution zur Räterepublik in München, Berlin 1957.
[12] Die Münchner Räterepublik, Zeugnisse und Kommentar. Herausgegeben von Tankred Dorst, Frankfurt a. M. 1967.
[13] Goethe, Brief an Christian Moritz Engelhardt vom 3. Februar 1826, Weimarer Ausgabe, IV. Abteilung, Band 40, S. 285.
[14] Graf, Wir sind Gefangene, a. a. O., S. 315.
[15] Graf, Wir sind Gefangene, a. a. O., S. 321.
Graf bezieht sich offensichtlich auf die »Thesen über Feuerbach« von Karl Marx.

Daß der junge Graf Marx nicht gründlich gelesen hat, beweist nicht zuletzt das ungenaue Zitat. In der dritten These faßt Marx (in Abgrenzung zum bisherigen Materialismus) das Verhältnis Individuum und Gesellschaft ja gerade dialektisch auf.
»Die materialistische Lehre von der Veränderung der Umstände und der Erziehung vergißt, daß die Umstände von den Menschen verändert und der Erzieher selbst erzogen werden muß.« Marx/Engels, Werke, Berlin 1958, Band 3, S. 5-6.

[16] Diesen Gedanken, den Marx 1848/49 entwickelte, greift Alexander Abusch in dem Vorwort (»Zehn deutsche Dichter«) zu einer Anthologie auf, die 1958 anläßlich des vierzigsten Jahrestages der deutschen Novemberrevolution entstand. In: Alexander Abusch, Literatur im Zeitalter des Sozialismus. Berlin und Weimar 1967, S. 41.

[17] Graf, Wie sind Gefangene, a. a. O., S. 404-405.

[18] Graf, Wir sind Gefangene, a. a. O., S. 498-499.

[19] Graf, Der Traumdeuter, Freiburg 1924, S. 14.

[20] Graf, Wir sind Gefangene, a. a. O., S. 320.

[21] Graf, Wir sind Gefangene, a. a. O., S. 33.

[22] Ebenda, S. 519.

[23] Damit spielt der Autor (bewußt oder unbewußt) auf den Titel seines zweiten Gedichtbandes an. Graf verwendet im übrigen in »Wir sind Gefangene« auch die Titel seiner Bücher »Licht und Schatten« (1927) und »Einer gegen Alle« (1932), variiert als »Einer gegen Einen!«

[24] Graf, Wir sind Gefangene, a. a. O., S. 428-429.

[25] Gespräch Goethes vom 30. März 1831. Goethes Gespräche mit Johann Peter Eckermann, Leipzig 1909, Band 2, S. 314f.

[26] Graf, Wir sind Gefangene, a.a. O., S. 225.

[27] Ebenda, S. 349.

[28] Ebenda, S. 266.

[29] Ebenda S. 527. Dieses Gedicht nahm Graf unverändert in seine Gedichtsammlung »Altmodische Gedichte eines Dutzendmenschen« (Frankfurt a.M. 1962) auf.

Biographischer Roman mit historischen Dimensionen: »Das Leben meiner Mutter« (1940)

>   Mein Zimmer
> Was ich im Lauf der Zeit liebgewann,
> das hängt verstreut an meinen Zimmerwänden:
> Tolstoi und Goethe, Lincoln und Lenin,
> ein Bild von Marx, von Masaryk und Thomas Mann,
> drei Aquarelle (Wiesen, Berge, Wolken drüberhin),
> dazwischen, werktäglich und ohne Drum und Dran
> und dennoch wie das Krönende schlechthin,
> hängt meine alte Mutter, und mit ihr vollenden
> sich gleichsam nach geheimnisvollem Sinn
> Zusammenhänge, die mir erst nach schweren Jahren
> und wie durch einen Zufall offenbar geworden. – ...[1]

Viele Jahre bevor sich Graf in diesem Altersgedicht mit schlichten, schönen Worten seiner Mutter erinnert, erscheint der Roman »Das Leben meiner Mutter« (1940, deutsche Erstausgabe 1947). Dieser Roman ist ein vielgerühmtes, jedoch kaum genauer betrachtetes Buch. Weder vor noch nach 1945 ist dem Werk ein durchschlagender Erfolg vergönnt gewesen. Bei Thomas Mann lesen wir: »Das ist ein wahres Monument der Pietät und Liebe und in seiner Art ein klassisches Buch.«[2]

Die Literaturwissenschaft hat sich diesem »klassischen Buch« unbegreiflicherweise nur vereinzelt gewidmet. Rolf Recknagel gibt Wichtiges zur Entstehungs- und Wirkungsgeschichte des Buches und regt interessante Vergleiche an.[3] Die Gabe der Literaturwissenschaft zum achtzigsten Geburtstag Grafs, »Beschreibung eines Volksschriftstellers«, stellt wesentliche Texte, die in der Entstehungszeit des »Mutter«-Buches fallen, erstmals vor.[4]

Was veranlaßt Graf am Vorabend beziehungsweise zu Beginn des zweiten Weltkrieges, erneut einen Stoff aus der eigenen Familiengeschichte aufzugreifen? 1940 versucht Graf selbst zu antworten:
»In einer Zeit da allenthalben versucht wird, durch alte und neue Schlagworte den gesunden Menschenverstand gleichsam epidemisch zu verwirren, spricht dieses Buch nur von jenen unbeachteten, natürlichen Din-

gen, die – mögen auch noch so scheinbar entscheidende historische Veränderungen dagegen wirken – einzig und allein das menschliche Leben auf der Welt erhalten und fortzeugend befruchten: von der stillen, unentwegten Arbeit, von der standhaften Geduld und der friedfertigen, gelassenen Liebe.

Mag sein, daß damit das Leben der Mütter in allen Ländern erzählt worden ist.«[5]

Dieses Zitat aus dem Vorwort zur Ausgabe von 1940 zeugt von Grafs Auseinandersetzung mit faschistischer Demagogie. Darauf macht auch Rolf Recknagel aufmerksam. »Mit NS-Frauenschaftsrummel und ›Rassenhygiene‹, mit Muttertag und Mutterkreuz hatten sie (die Faschisten – U.K.) ihr wahres Ziel, die Eroberung der Weltherrschaft, zu tarnen versucht. ... Als Wirkungskreis der deutschen ›Frau und Mutter‹ wurde nicht mehr die Familie, sondern die Rüstungsfabrik und das Lazarett deklariert. Um so leuchtender mußte Grafs Apotheose wahrer Mütterlichkeit sein.«[6]

Ein weiteres Motiv für das Schreiben dieses Buches tritt hinzu: Die Auseinandersetzung mit der faschistischen Literatur, einem Träger nationalsozialistischer Ideologie. Graf reagiert Ende der dreißiger Jahre in zahlreichen Vorträgen direkt auf die Literatur des III. Reichs, deren führende Vertreter Jahre vorher versucht hatten, Graf in diese Bewegung zu integrieren. Davon zeugt seine Polemik gegen Hanns Johst, den »Kommandanten der gleichgeschalteten Literatur«[7], ebenso wie die literatursoziologischen Beobachtungen, wonach der Hitlerstaat an die amerikanischen public libraries im Osten und Mittelwesten von jedem erschienenen Buch zwei Exemplare gratis geschickt hat.[8]

Versuche, wie der von Hans Baumann, der in vielen Gedichten »das christliche Motiv der ›heiligen Mutter‹ als Mutterkult in den Blut- und Boden-Mythos«[9] einbezieht, dürfen bei Graf als bekannt vorausgesetzt werden.

Den Müttern

> Wo ihr nicht seid,
> da kann nicht Heimat werden,
> wo ihr nicht segnet,
> bleibt die Erde tot.

> Wo ihr nicht pflügt,
> geht Jammer mit den Pferden,
> wo ihr nicht aussät,
> wächst statt Korn die Not.
>
> Wo ihr nicht wacht,
> brennt Hunger in den Herden,
> wo ihr nicht lacht,
> schmeckt bitter jedes Brot.
>
> Wo ihr nicht seid,
> da kann nicht Heimat werden,
> wo ihr nicht segnet,
> bleibt die Erde tot.[10]

In Grafs Epik und Baumanns Lyrik fließen das Mutter- und Heimatmotiv zusammen. Bei dem heimatlosen Oskar Maria Graf geschieht das in der Absicht, im deutschen Volk etwas Unüberwindbar-Gesundes aufzuspüren, das über den Faschismus triumphiert. Baumanns Gedicht schafft bewußt keine klaren Fronten, sondern tarnt die wahren Absichten der Faschisten. (Daß der Autor von »Es zittern die morschen Knochen« später auch in militanter Weise den faschistischen Staat preist, sei am Rande vermerkt.)

Da sich Grafs breit angelegtes biographisch-autobiographisches Erzählwerk (im Gegensatz zum novellistisch konzipierten Roman vom Typ »Das siebte Kreuz«) nicht von der Bestimmung der Fabel her erfassen läßt, soll eine knappe Inhaltsübersicht folgen.

Die 1857 im oberbayerischen Aufhausen geborene Bauerntochter Therese Heimrath wird bald an das Gleichmaß bäuerlichen Lebens gewöhnt. Streng religiös erzogen, muß sie schon als Kind hart arbeiten. Trotz einiger Schicksalsschläge – dem Tod des Vaters sowie den Folgen des Deutsch-Französischen Krieges – gelingt es der Heimräthin, ihrer Mutter, für die Familie einen relativen Wohlstand zu erhalten. Max, der Sohn des durch die Entwicklung der kapitalistischen Stahlindustrie völlig verarmten Stellmachers Graf, hat es dagegen wesentlich schwerer, sich eine gesicherte Existenz aufzubauen. Aus dem Krieg zurückkommend, eröffnet er gegen den Willen der Eltern mit geliehenem Geld eine Bäckerei in Berg. Nach exakter Prüfung des beiderseitig vorhandenen Geldes wird zwischen Max und Therese die Ehe geschlossen, aus der elf Kinder hervorgehen. Der Bauerntochter fällt es nicht leicht, sich in neuer Umgebung an das Dasein einer Geschäftsfrau zu gewöhnen. Ihr Mann versucht, alle sich bietenden Vorteile der Gründerjahre nutzend, die Bäckerei ständig zu erweitern. Die Unruhe ihrer unmittelbaren Umwelt bewegt die Mutter weit mehr als das weltpolitische Geschehen. Durch ihre unerschöpfliche Geduld und Aufmerksamkeit schafft sie einen Gegenpol zu der hektischen Umgebung. Der Haushalt, die Erziehung der Kinder und die Arbeit im Geschäft machen den Sinn ihres Daseins aus.

Als ihr Mann im Jahre 1906 stirbt, versucht sie, in zunehmendem Maße vergebens, die Familienharmonie zu erhalten. Die meisten ihrer Kinder verlassen das Heimatdorf, um sich in der Großstadt oder in den Vereinigten Staaten eine eigene Existenz aufzubauen. Auch ihr Sohn Oskar, den sie mit den Jahren besonders liebgewinnt, flieht vor dem tyrannischen Max, ihrem Ältesten.

Nach bitteren Erfahrungen im ersten Weltkrieg und während der Novemberrevolution findet Oskar allmählich seinen Platz an der Seite revolutionärer Kräfte. Auch als inzwischen bekannter Schriftsteller sucht er während regelmäßiger Besuche bei der Mutter Ruhe, Verständnis und Geborgenheit. Der Tod einiger Kinder und Verwandter, schwere Krankheiten sowie häufiger Streit im Haus lassen die friedfertige Frau nicht verzweifeln. Eigene Erlebnisse und Gespräche mit Oskar bestärken sie in der Annahme, daß zu Beginn der dreißiger Jahre für Deutschland eine schreckliche Zeit herankommt.

Bis zum letzten Tag ihres Lebens arbeitend, stirbt die Mutter 76jährig, im September 1934. Die Nachricht vom Tod seiner geliebten Mutter erreicht den emigrierten Sohn Oskar während seiner Reise durch die Sowjetunion.

Das Skizzieren des Handlungsverlaufs, der mit dem tatsächlichen Lebenslauf der Mutter des Autors identisch ist, deutet den Reiz, aber auch die Schwierigkeiten des Romans an. Es konnte nicht lediglich darum gehen, ein Denkmal der Sohnesliebe zu errichten, obwohl schon das ein großes Thema wäre.

Bei einem Blick auf die deutschsprachige Epik des 19. und 20. Jahrhunderts findet man nicht viele Werke, in denen das Mutter-Sohn-Thema so umfassend und liebevoll gestaltet wird. Zu erinnern wäre an die vom direkt Autobiographischen abgerückten Darstellungen in Kellers Roman »Der grüne Heinrich« (1855) und in seiner Novelle »Frau Regel Amrain und ihr Jüngster« (1855) sowie an Erich Kästners späte Autobiographie »Als ich ein kleiner Junge war« (1957).[11]

In stärkerem Maße als die genannten Autoren steht Graf vor der Aufgabe, einen großen historischen Zeitraum auszuschreiten. Der Schwierigkeit, das Leben eines Menschen in siebzig Jahren bewegter nationaler und internationaler Geschichte einzubetten, hat sich der Romanautor Graf gestellt. Erfaßt hat er, wenn man von rückblickenden Passagen absieht (die teilweise bis ins 12. Jahrhundert reichen), die Zeitspanne vom Krieg zwischen Preußen und Österreich (1866), über den Deutsch-Französischen Krieg, die Pariser Kommune, den Kampf gegen das Sozialistengesetz, die Herausbildung des imperialistischen Deutschlands, die Vorbereitung und Durchführung des ersten Weltkrieges, die Novemberrevolution, die Niederschlagung der Münchner Räterepublik, die Weimarer Republik bis hin zum Machtantritt Hitlers. Der Versuch, in der Sowjetunion den Sozialismus zu errichten, stellt sich im zeitgenössischen Verständnis des Autors als alternative Perspektive zur deutschen Entwicklung dar.

Auffällig ist, daß Graf, seiner thematischen Absicht entsprechend, das Autobiographische geradezu beschneidet. Für das Leben und Schaffen des Autors bestimmende Ereignisse (erster Weltkrieg, Novemberrevolution – die den Hauptteil seiner Autobiographie »Wir sind Gefangene« ausmachen) werden nur zu jeweils einem Kapitel zusammengezogen. Die bedeutsame Reise zum X. Allunionskongreß der Sowjetschriftsteller wird in »Epilog und Verklärung«, dem Schlußkapitel, nur insofern beschrieben, als sie einen Bezug zum Leben der Mutter herstellt. Trotz dieser Beschneidungen fällt es Graf schwer, auf bestimmte, vor allem lustige Episoden zu verzichten. Das geht direkt aus dem Romantext hervor. »Man kann die (gemeint sind Erlebnisse der Soldatenzeit – U.K.) nachlesen in meinem Buch ,Wir sind Gefangene'. Ich will mich nicht damit aufhalten.«[12]

Solche »Ecken«, die für einen Autor, der autobiographisches Gestalten bevorzugt, typisch sind, findet man nicht nur einmal in diesem Roman. Insofern ist »Das Leben meiner Mutter« nicht Grafs dichtestes Buch, wie einige Kritiker meinen.[13] Es ist wohl kein Zufall, daß Thomas Mann, bei aller Hochschätzung des »Mutter«-Buches, den nichtautobiographischen Roman »Unruhe um einen Friedfertigen« (1947) als Grafs stärkstes und bestes Buch bezeichnet.[14]

Aus seiner zahlenmäßig großen Familie hat der Autor lediglich die Person seiner Mutter, Therese Heimrath, für so interessant gehalten, daß er ihr in Form des Romans ein Denkmal setzt. Was ist am eintönigen Leben dieser Figur dem Autor so bedeutsam?

Zunächst einmal stellt er eine Frau vor, die in den verschiedenen Bereichen menschlichen Lebens, der Arbeit, der Liebe, der Bildung und im Verhältnis zur Natur in einer konservativen Haltung gezeigt wird. Graf legt Wert darauf, das Konstante im Leben der Mutter zu betonen. Alles, was der Leser in der Exposition des Buches über die Arbeitsamkeit, die Religiosität der Resl Heimrath erfährt, trifft für sie am Romanschluß gleichermaßen zu. Die Zentralgestalt ist so konzipiert, daß eine Entwicklung weitestgehend ausbleibt. Insofern versteht sich Grafs Bild der deutschen Mutter durchaus als Gegenentwurf zur russischen Mutter, wie sie in Maxim Gorkis Roman »Die Mutter« (1905) ihre bekannte Ausprägung findet.

Therese Graf ist und bleibt ein politisch wenig interessierter Mensch. Sie kümmert sich um Kriege und Revolutionen nur, wenn Menschen ihrer Heimat oder Familie in diese Ereignisse verwickelt sind. Pazifistisch orientiert, will sie nicht weniger, aber auch nicht mehr, als daß die einfachen Menschen ungestört ihrer Arbeit nachgehen.

Überzeugend zeigt Graf jedoch, und das macht die Figur so reich, daß sie sehr viel früher als ihr belesener Sohn Maurus die heraufziehende faschistische Gefahr begreift. Sie spricht vom Ende der »schönen Zeit«. Instinktiv spürt sie, was Oskar nutzen und was ihm schaden kann: Im Anschluß an die Frage eines neugierigen Nazis, ob ihr »berühmter Sohn« im Felde war, entwickelt sich folgendes Gespräch: ›»Ja, schon, der Oskar, der Maurus und der Maxl sind im Krieg gewesen. Der Maxl ist gefallen‹, erwidert sie, ›Hm, jaja, im Krieg war er auch, der Oskar‹, ergänzte der Maurus lächelnd, ›aber er hat ihn nicht mögen. Er hat einfach den Befehl verweigert ... Er erzählt das sehr drollig in seinem Buch ... Das müssen Sie lesen.‹

›Soso, hm! Das interessiert mich‹, sagte der Mann, erkundigte sich genauer nach dem Buch, bezahlte, stand auf, schlug die Hacken zusammen und verabschiedete sich. Als sein Auto den kleinen Dorfberg hinuntersurrte, sagte die Mutter zum Maurus: ›Du mußt doch nicht jedem sagen, was der Oskar im Krieg gemacht hat.‹«[15]

Zum vollen Verständnis der Mutterfigur gelangt man, wenn man ihre enge Bindung an die katholische Kirche berücksichtigt. Sie ist so stark, daß sie, zum Zeichen ihrer Zugehörigkeit zur Erzbruderschaft »Maria zum Troste«, ihr Leben lang nicht badet und stets einen schwarzen Ledergürtel um den Leib trägt. Bigotterie ist ihr jedoch fremd. Ihr hartes, arbeitsames, stets auf den Nutzen orientiertes Leben verbietet von selbst, zuviel Zeit für das Beten zu verwenden. Im Alter gesteht sie lächelnd,

daß sie meist »aufm Häusl« betet und die Kirche für sie der einzige Ort ist, an dem sie sich von der Arbeit ausruhen kann.
Therese Graf wird als ein physisch gesunder, sehr irdischer Mensch vorgeführt. Sie zeichnet sich durch eine Vorliebe für lustige Geschichten und derbe Späße aus. So pinkelt sie als Mädchen einem unbeliebten Bauern in die Tabakspfeife und stiehlt noch als Greisin Hühner. Auch für größere, ihrer Religion widersprechende Fehltritte hat sie tiefes Verständnis: Für den Selbstmord einer Bekannten und die nicht legitime Liebesbeziehung eines Geistlichen. Obwohl Therese Graf den Umgang mit staatlichen Institutionen (Justiz, Polizei) fürchtet, beweist sie eine gesunde Respektlosigkeit vor jedermann, die sie selbst vor dem Papst (den sie sich körperlich viel imposanter vorgestellt hat) nicht verliert. Der katholische Glaube prägt das Verhältnis der Resl Graf zur Natur, zur Arbeit, zur Familie, zur Liebe und zur Bildung.

Wenn der Autor die Aufmerksamkeit auf die Mutter lenkt, so zeigt er sie fast ausschließlich bei der Arbeit. Eine sitzende Tätigkeit wie das Stopfen wird von ihr nicht als Arbeit, sondern als Erholung empfunden. Unbegreiflich bleibt ihr, daß ihr Sohn als Schriftsteller Geld verdient, ohne schwielige Hände zu haben. Bis ins Greisenalter hinein ist Oskars Mutter die erste im Haus, die morgens aufsteht, um mit der Arbeit im Stall, im Haushalt und im Geschäft zu beginnen.
Resl Graf hat zu ihrer natürlichen Umwelt ein ganz ursprüngliches Verhältnis. Geburten bei den Haustieren erlebt sie bereits als Kleinkind mit. Bei der Schilderung des Lebens seiner Mutter verwendet Graf auffallend wenig »Landschaftsfarbe«.[16] Wie ein Tanzvergnügen in der Jugend, so ist ein inniges Betrachten der Natur im Alter die große Ausnahme. »›Hm, wie schön das ist, hmhm,‹ brümmelte sie zufrieden. ›Ganz wohl tut einem das! ... Hmhm, wie schön!‹ Vielleicht war's das erste Mal, daß sie die innige Landschaft ihrer engen Heimat so anschaute. Das in den Bäumen versteckte Dorf Allmannshausen im Hintergrund und das Dörflein Assenhausen linker Hand vor uns – jedes Haus, jeden Menschen kannte sie und erzählte im langsamen Vorübergehen irgendeine Geschichte darüber. Jeder Baum und Strauch, der stille Himmel und der Schnee drunten, alles lebte beziehungsvoll in ihr.«[17]
In der Arbeit, aber auch im Verhältnis zu ihrem Mann ist die Mutter Dulderin. Hierin unterscheidet sie sich grundsätzlich von ihren Töchtern, vor allem von der energischen Stasl, aber auch von den weiblichen Helden der Romane »Bolwieser« (1931) und »Anton Sittinger« (1937).

Besteht die Aktivität der Hanni Bolwieser darin, durch Intrigen eine sinnentleerte Ehe zu lösen, so handelt es sich bei Malwine Sittinger bereits um eine politische Aktion. Sie meldet ihren Mann Anton (ohne sein Wissen) als geheimes Mitglied bei der NSDAP an und wird nach der Machtergreifung der Faschisten dafür von ihm gelobt.

Obwohl Therese Graf nach der Hochzeit zeitweilig von einem Gefühl der Fremde erfaßt wird, meditiert sie nicht, sondern versucht, sich mit dem neuen Zustand abzufinden. Alle wesentlichen Entscheidungen in Haus und Familie werden vom Mann getroffen. Trotz einzelner Proteste erkennt sie die patriarchalischen Zustände an. An keiner Stelle des Romans finden sich schwärmerische Worte bei der Darstellung des Verhältnisses zwischen Therese und Max. Die Verbindung zwischen beiden wird vom Ich-Erzähler zwar kritisch, nicht aber abwertend oder gar lieblos betrachtet. Nach dem Tod des Vaters gibt der Erzähler einen abschließenden Kommentar: »... ihrem Leben hatte dieser hitzige Mann trotz alledem den einzig gemäßen Inhalt gegeben. Mutter war sie durch ihn geworden und die ganzen Jahre hindurch geblieben, Mutter, und sonst nichts.«[18] Resl Graf, die nicht nur Mutter ihrer Familie ist, sondern auch im Dorf »Bäckermutter« oder nur »Mutter« genannt wird, ist mit ihrem Leben, wenn das Geschäft läuft, alle Kinder gesund sind und sich der Familienstreit in Grenzen hält, keineswegs unzufrieden.

Die Reflexion darüber, ob dieses Dasein sinnvoll ist, findet in der Mutter-Figur nicht statt, sondern im Dialog zwischen ihren Kindern beziehungsweise auf der Ebene des Erzählers. »›Weißt du, manchmal mein' ich, unsre Mutter ist wie ein Tier oder ein Baum. Sie lebt eben dahin, ob das Sinn hat oder nicht, darüber denkt sie nie nach.‹«[19]

Es besteht ein Zusammenhang zwischen dem bescheidenen Lebensanspruch und den Bildungsvoraussetzungen der Resl Graf. Nach dem Besuch der Dorfschule beschränkt sich die Lektüre der Mutter auf die »Heilige Schrift«, den »Kirchenanzeiger« und Teile der Lokalpresse. Später kommen noch einige Bücher ihres Sohnes hinzu. Der ungenügende Bildungsstand wird für den Leser durch den Einschub von Briefen in den Romantext erkennbar. Selbst den Namen »Oskar« schreibt sie orthographisch meist falsch.

Therese Graf ist und bleibt ein Kind des 19. Jahrhunderts. Als ihre Kinder Schulerkenntnisse nach Hause tragen, wonach mit der Zahl »1900« eine neue, große Zeit für Deutschland (mit Kaiser Wilhelm an der Spitze) beginne, schimpft sie skeptisch: Außer Beten, Schreiben, Lesen und Rechnen brauche man in der Schule nichts zu lernen.

In der Art und Weise wie sie auf neue Mode und die aufkommende Reiselust reagiert, werden die konservativen Positionen der Mutter deutlich. Verschiedene Menschen, darunter ihr Mann, versuchen mehrmals, ihr ein schönes Kleid oder andere Bekleidungsstücke zu schenken. Stets kehrt sie zur einfachen, ländlich-glatten Kleidung zurück, vor allem, um ungehindert arbeiten zu können.

Bei Reisen verhält sie sich ähnlich konservativ. Eine einstündige Bahnfahrt nach München hat für die Mutter Seltenheitswert. Solche »Weltreisen« finden einmal im Jahr statt.

Mit seinem Mutterporträt gestaltet Graf zugleich das Schicksal der Mütter in vielen Ländern. Eigenschaften der Therese Graf sind für den Autor identisch mit denen des Volkes schlechthin. »›Das Volk? ... Ja, jetzt begreif' ich's erst – das Volk, das ist ungefähr so wie meine Mutter ...‹«[20]

Der Sohn-Erzähler glaubt die Ursache der deutschen Misere von 1914 bei den intellektuellen Führern gefunden zu haben, die eine ungenügende Kenntnis vom Volk und mangelnde Liebe zu ihm hätten. Sein Gesprächspartner weist dies als »Tolstoi-Ideen« zurück. Die produktive Seite dieses von Tolstoi geprägten Volksbegriffes ist, daß die Romanfigur Oskar in der denkbar schwierigen Situation 1914 (wie auch der Autor im historischen Parallelfall 1938-1940, der Entstehungszeit des zweiten Romanteils) nie den Glauben an die Kraft, an den gesunden Menschenverstand solch einfacher Leute wie seiner Mutter verliert.

Nicht alle wesentlichen Problemkreise des Romans lassen sich über die Zentralgestalt der Mutter fassen. Hätte Oskar Maria Graf lediglich das gleichbleibend-ruhige, tolstoijanisch-geprägte Dulderdasein der Mutter gestaltet, wäre das Buch wenig ergiebig. Schon in den Anfangskapiteln des ersten Teils wird die Heimrath-Handlung durch den Handlungsstrang um die aktivere Familie Graf weitestgehend »verdrängt«, indem der Autor über die Darstellung der Entwicklung des Bäckerhauses eigene Familiengeschichte einbringt, bewußt auf das in der »Chronik von Flechting« (1922) Erprobte zurückgreifend. Im zweiten, zur Autobiographie tendierenden Teil verliert der Leser an keiner Stelle den Bezug zur Mutter-Handlung, es sei denn, das Vergessen der Mutter wird als Symptom völliger Haltlosigkeit Oskars geradezu herausgestellt.

Auch in »Das Leben meiner Mutter« bevorzugt Graf das traditionell anmutende Erzählen in chronologischer Abfolge. Im einzelnen verwendet er jedoch moderne Erzähltechniken. Mitunter ermöglicht der Autor dem Leser einen Blick in die Werkstatt, gibt er im Text die verwendeten

Quellen an usw. Als Hauptquelle dienen (neben den eigenen Erinnerungen) die Erzählungen der Mutter, die mittelbar oder in direkter Rede in den Roman einfließen. So provoziert der Ich-Erzähler die Mutter stellenweise zum Erzählen. »Mit aller Gewalt plagte ich mich, sie unverdächtig zum weiteren Erzählen zu bringen.«[21]

In der Exposition des Romans wird dem Leser bewußt, daß die Weitergabe von Erzähltem von Generation zu Generation für die oberbayrischen Bauern etwas ganz Selbstverständliches, Ursprüngliches ist. Das Stegreiferzählen, vom Autor bereits in den zwanziger Jahren erfolgreich erprobt, stellt sich auch für das Genre des Romans als tragfähig, ja geradezu als ein den Erzählfluß konstituierendes Element heraus. Wendungen wie »um es aber gleich zu sagen, ...«[22], Wörtchen wie »kurzum«, »jedenfalls« und andere sind symptomatisch für den auf das Wesentliche drängenden Erzähler aus dem Stegreif. Als ein oft wiederkehrendes Gestaltungsmittel des Stegreiferzählers Graf erweist sich die scheinbar zufällige Aufnahme bestimmter Stichworte, durch die verschiedene Episoden verknüpft werden. Die Verwendung der Floskel »Weil gerade von Pferden die Rede war – (die mochte unser Vater gern)« – ermöglicht es Graf, über Kapitelgrenzen hinweg die Leidenschaft für Pferde bei Max Graf und dessen Idiosynkrasie in Bezug auf die ersten »ungeschlachten Automobile« darzustellen.

Auf den Ton des »Provinzschriftstellers«, den Graf noch in den zwanziger Jahren als Protest gegen die »große« Literatur so herausstellte, verzichtet er in diesem Roman weitestgehend.

Die Tendenz zur Überwindung der »Provinzschriftstellerei« ist auch an der Verdrängung des Dialekts aus der Grafschen Erzählliteratur der Exilzeit erkennbar. Dadurch kann der Autor seine ohnehin begrenzte Leserzahl noch am ehesten erreichen. Bereits während der Sowjetunion-Reise 1934 hatten Komsomolzen Oskar Maria Graf liebevoll, aber energisch mitgeteilt, er solle nicht im bayrischen Dialekt schreiben, da dies Übersetzungen schwierig, wenn nicht gar unmöglich mache.

Modern erzählt Graf auch insofern, als er ganz bewußt auf den »allwissenden Erzähler« verzichtet. Der Erzähler maßt sich beispielsweise nicht an, die Gefühle der Resl Graf vor ihrer Hochzeit genau zu kennen, was Graf durch eine Reihung konjunktivischer Konstruktionen andeutet. »Das Gesicht der Resl sah aus, als sei es von flüchtiger Rührung überschattet. Zwischenhinein kam ihr *womöglich* der aufdringlich freche Stellmacher-Maxl in den Sinn, und ganz nebenher, gleichgültig und verschwommen im Hirn auftauchend und wieder hinschwindend, fiel ihr *vielleicht* das dumme Gerede des Müllers von der zukünftigen Bäckerin von Berg ein.«[23] (Hervorhebungen – U.K.)

Daß der Erzähler auf seine Allwissenheit verzichtet, heißt nicht, daß er nicht viel mehr überschaut als die Romanfiguren. Das trifft auch auf den zweiten Teil der »Mutter«-Biographie zu, in dem das dichterische Abbild des Autors zur zweiten wichtigen Romanfigur wird. Der Abstand des mit dem Erzähler weitestgehend identischen Autors zur deutschen Novemberrevolution kommt in folgender Passage zum Ausdruck, bei der die chronologische Erzählweise aufgegeben wird: »Für mich ist diese Zeitspanne entscheidend geworden, als ein Miterlebender habe ich vieles später geschildert.«[24]

Das Mehr-Wissen des Erzählers resultiert aus dem historischen Abstand zum betrachteten Gegenstand, den bitteren Erfahrungen, die er als Teilnehmer an wesentlichen Ereignissen deutscher Geschichte gemacht hat und nicht zuletzt aus dem Studium historischer Darstellungen, die der Autor nicht im einzelnen nennt. Von daher ist der Erzähler legitimiert, sich des öfteren »korrigierend« in den Gang der Darstellung einzuschalten.

Die Aktualität und Historizität des »Mutter«-Romans wird erst beim Beachten des Verhältnisses zwischen dargestellter Zeit und Zeit der Darstellung nachvollziehbar. Das Herausarbeiten von biographischen und historischen Parallelentwicklungen ist dabei nur ein Moment, wenn auch ein sehr wesentliches. Nur aus der Sphäre der Entstehungszeit wird verständlich, weshalb Oskar Maria Graf den Mord an dem Juden Schlesinger, einem bei allen Einwohnern angesehenen Viehhändler, so ausführlich darstellt. Besonders wichtig erscheinen ihm die differenzierten Reaktionen auf diese Mordtat aus dem Jahre 1900.

Ganz ähnlich verfährt der Autor bei der Schilderung der faschistischen Bewegung in Deutschland vor 1933. Die »Dehnung« der Beschreibung des Münchner Hitler-Putsches aus dem Jahre 1923 kann nur im Kontext der dreißiger Jahre verstanden werden.

Die Oktoberrevolution begrüßend und die Novemberrevolution in die progressive Traditionslinie 1525-1848/1849 einordnend, kommt der Ich-Erzähler zu der These, daß in Deutschland eine siegreiche revolutionäre Umwälzung unmöglich sei.

Dies Geschichtsfatalismus zu nennen, hieße Oskar Maria Graf Unrecht zu tun. Bei der Entstehungszeit des Romans handelt es sich um eine schwierige (wenn nicht überhaupt die schwierigste) Phase des Exils:

Der Faschismus zeigt sich auf dem Höhepunkt seiner Macht, die Hoffnung auf einen Sieg der Widerstandskämpfer in Deutschland ist geschwunden, die Volksfrontbestrebungen erreichen vorerst das Hauptziel nicht, die spanische Befreiungsbewegung scheitert, das internationale Ansehen der UdSSR ist durch die Prozesse gegen mutmaßliche Feinde belastet, der zweite Weltkrieg ist absehbar.[25]

Unter diesen zeitgeschichtlichen Umständen ist Grafs »Mutter«-Roman zu betrachten. Sein Versuch, historische Erfahrungen aufzuarbeiten, einen Beitrag für eine bessere Zukunft Deutschland zu leisten, kann mit den Roman-Zyklen von Arnold Zweig und Willi Bredel (»Der große Krieg der weißen Männer« bzw. »Verwandte und Bekannte«) verglichen werden und neben beiden bestehen.

Mit Recht hebt Thomas Mann an Grafs Buch die Pietät und Liebe hervor, mit der der Sohn seiner Mutter ein literarisches Denkmal setzt. In der zeitgleich oder später entstandenen deutschsprachigen Epik begegnet man eher der gegenläufigen Konzeption. Sie nimmt mit Bechers den programmatischen Titel »Abschied« tragenden Roman ihren Anfang. Das hat verschiedene Gründe.

Erstens zeigt Grafs sympathisch gezeichnetes Mutter-Bild die Grenzen, das Problematische dieses Lebens auf. Graf vermittelt am Beispiel des Lebens seiner Mutter ein Endzeitbewußtsein – weist er doch darauf hin, daß folgende Generationen nicht so leben können (es auch nicht wollen) wie Therese Graf.

Zweitens ist es ganz wesentlich, daß der Autor sein Mutter-Sujet auf dem Land ansiedelt, wo sich die Beziehungen zur Natur, zur Heimat und zur Familie als beständiger erwiesen.

Drittens gilt es festzuhalten, daß Graf in seinem autobiographischen Roman die Mutter-Sohn-Beziehung als etwas Intaktes darstellen kann, da Oskar aus einfachen, bäuerlich-kleinbürgerlichen Verhältnissen kommt.[26] Im Gegensatz dazu steht der frühzeitig gegen das Elternhaus rebellierende Bürgersohn Hans Gastl in Bechers »Abschied«.

Zwei Beispiele aus der »Abschied«-Tradition sollen hier herausgestellt werden. Sie widmen sich jeweils einem Teilaspekt, der Graf in »Das Leben meiner Mutter« interessiert: Peter Weiss' Erzählung »Abschied von den Eltern« (1960) (die bereits im Titel an Becher erinnert) weist bei der künstlerischen Bewertung der Sohn-Mutter-(Eltern-)Beziehung schon in den Einleitungssätzen in eine Graf entgegengesetzte Richtung.

»Ich habe versucht, mich mit der Gestalt meiner Mutter und der Gestalt meines Vaters auseinanderzusetzen, peilend zwischen Aufruhr und

Unterwerfung. Nie habe ich das Wesen dieser beiden Portalfiguren meines Lebens fassen und deuten können. Bei ihrem fast gleichzeitigen Tod sah ich, wie tief entfremdet ich ihnen war. Die Trauer, die mich überkam, galt nicht ihnen, denn sie kannte ich kaum, die Trauer galt dem Versäumten, das meine Kindheit und Jugend mit gähnender Leere umgeben hatte. Die Trauer galt der Erkenntnis eines gänzlich mißglückten Versuchs von Zusammenleben, in dem die Mitglieder einer Familie in ein paar Jahrzehnte lang beieinander ausgeharrt hatten.«[27]

Geradezu wie ein Gegenentwurf zu Grafs Roman liest sich Peter Handkes Muttererzählung »Wunschloses Unglück« (1972). Ein sparsam konturierter Erzähler versucht aus der Erinnerung und unter Zuhilfenahme von Briefdokumenten (»die Tatsachen sind so übermächtig, daß es kaum etwas zum Ausdenken gibt«[28]) ein gerechtes Bild von seiner Mutter zu geben. Handkes Geschichte ist analytisch aufgebaut. Sie nimmt den Selbstmord der Mutter im ersten Satz vorweg. Im Gegensatz zu Graf wird gezeigt, daß die Mutter seit ihrer Kindheit ein völlig sinnentleertes Leben geführt hat, sich trotz vorhandener Talente nicht entfalten konnte, letztlich zu niemandem mehr eine menschliche Bindung besaß und, wie es der Titel andeutet, keinerlei wirkliche Wünsche und Ansprüche an das Leben offenbarte.

Will man nach diesem Exkurs die Wirkung charakterisieren, die Grafs Roman »Das Leben meiner Mutter« in den vierziger Jahren bei Lesern gezeigt hat (oder bis in die Gegenwart zeigt), ist Zurückhaltung geboten. Es gibt wenig Material, das eine Rezeption dokumentiert.

Wichtiger als das lobende Wort des professionellen Kritikers hat Oskar Maria Graf das Urteil ganz einfacher Menschen geschätzt. In den vierziger Jahren erhält er viele Leserbriefe aus Frankreich, Polen, der Sowjetunion, aus Spanien und Irland. Die Leser, meist Frauen, bestätigen, »ihre Mütter hätten alle so gelebt«. Diese Reaktionen deuten an, daß die Absicht des Autors, zu zeigen, »daß Arbeit und Volk etwas durchaus Mütterliches, Bauendes, Schöpferisches ist«,[29] überzeugend realisiert wurde.

Anmerkungen

[1] Graf, O.M., Altmodische Gedichte eines Dutzendmenschen. Frankfurt a. M. 1962, S. 102.
[2] Zitiert nach Graf, O.M., Gelächter von außen. München 1966, Anhang.

[3] Recknagel, R., Ein Bayer in Amerika. Berlin 1974, S. 270ff.
[4] Graf, O. M., Beschreibung eines Volksschriftstellers, a. a. O., S. 118.
[5] Graf, O. M.,; Das Leben meiner Mutter. Weimar 1951, S. 7.
[6] Recknagel, R., a. a. O., S. 271.
[7] Graf, O. M., Beschreibung eines Volksschriftstellers, a. a. O., S. 118.
[8] Ebenda, S, 70.
[9] Geschichte der deutschen Literatur 1917-1945. Berlin 1973, Bd.10, S. 597. Vgl. auch Hartung, G.: Über die deutsche faschistische Literatur. In: »Weimarer Beiträge« Heft 3 und 4/1968 und Sonderheft 2/1968.
[10] Zitiert nach: Geliebte Heimat – Eine Lese aus deutscher Dichtung. Hrsg. von Wilhelm Heinrich Recktenwald, Potsdam 1938, S. 131.
[22] Robert Neumann bemerkt, daß Kästners Autobiographie, die wie Bechers »Abschied« zeitlich 1914 schließt, nur ein ungenaues Bild vom Autor gibt. Genauer würde das Bild durch die Tatsache, »daß er während des Dritten Reiches offenbar seiner von ihm sehr geliebten Mutter wegen – oder war es doch Deutschlands wegen? – in Deutschland blieb und dabei rein durch den Stil seiner Existenz all jene Lügen strafte, die behaupten, man habe wenigstens mit halber Lautstärke mit den Hunden heulen müssen, um ihnen nicht zum Fraße vor geworfen zu werden.« Vgl. R. Neumann, Ein leichtes Leben. Berlin 1975, S. 329.
[12] Graf, O. M., Das Leben meiner Mutter, a. a. O., S. 409.
[13] Antoni, E., Schwierigkeiten mit einem Bayern. In: »Kürbiskern«, Heft 1/1976, S. 109. Mit Recht weist Antoni in seinem Artikel Behauptungen westdeutscher Zeitungsschreiber zurück, wonach »Das Leben meiner Mutter« ein völlig unpolitisches Buch sei.
[14] Mann, Th., Briefe 1948-1955 (Nachlese). Berlin 1968, S. 25.
[15] Graf, O. M., Das Leben meiner Mutter; a. a. O., S. 502 f.
[16] Reifenberg, B., Der große Bauernspiegel. München 1962, Anhang.
[17] Graf, O. M., Das Leben meiner Mutter; a. a. O., S. 483.
[18] Ebenda, S. 339.
[19] Ebenda, S. 480.
[20] Ebenda, S. 401.
[21] Ebenda, S. 501.
[22] Ebenda, S. 51.
[23] Ebenda, S. 77.
[24] Ebenda, S. 439.
[25] Man vgl. Brechts Gedicht »An die Nachgeborenen«, mit dem er 1938 die Sammlung »Svendborger Gedichte« abschließt.Der erste Teil beginnt und endet mit der Zeile »Wirklich, ich lebe in finsteren Zeiten!«
Brecht, B.: Gedichte, Bd. 4, Berlin und Weimar 1961, S. 143ff.
[26] In ähnlicher Weise wie Graf verfährt Jurij Brezan, der ebenfalls aus einfachen sozialen Verhältnissen kommt, bei seinem schlichten Mutterporträt. Vgl. Brezan, J., Der Mäuseturm. Berlin 1970.
[27] Weiss, P., Abschied von den Eltern. Berlin 1966, S. 7.
[28] Handke, P., Wunschloses Unglück. Salzburg 1972, S. 42.
[29] O. M. Graf am 4. April 1944 an Else und Gustav Fischer. Zitiert nach Recknagel, R., Ein Bayer in Amerika. Berlin 1974, S. 271.

Bilanz eines Volkserzählers
Oskaf Maria Grafs Autobiographie »Gelächter von aussen« (1966)

1958, anläßlich der 800-Jahr-Feier der Stadt München, nachdem Oskar Maria Graf seine Heimat 25 Jahre nicht gesehen hatte, erklärt er: »Bayrische Sachen werde ich nicht mehr schreiben können, wohl auch keine deutschen mehr, deutsch in dem Sinne, daß der Stoff aus der deutschen Wirklichkeit stammt.«[1]

Diese Aussage trifft auf sein damaliges Schaffen im wesentlichen zu. In den späten fünfziger Jahren ist er vorwiegend mit Romanprojekten beschäftigt, der Zukunftsroman »Die Erben des Unterganges« (Neuausgabe 1959) wird umgearbeitet und der Amerika-Roman »Die Flucht ins Mittelmäßige« (1959) abgeschlossen.

Zu Beginn der sechziger Jahre sammelt und ordnet Graf in Jahrzehnten Geschaffenes. Es entstehen die Bände »An manchen Tagen – Reden, Gedanken, Zeitbetrachtungen« (1961), »Altmodische Gedichte eines Dutzendmenschen« (1962) sowie »Größtenteils schimpflich« (1962), eine ergänzte Fassung der Jugenderinnerungen »Dorfbanditen« aus dem Jahre 1932.

Ihn plagt nicht nur die Frage, ob es weiterhin lohnt, »bayrische Sachen« zu schreiben. Seine Bedenken gehen weiter. Seit 1940 formuliert Graf prononciert Zweifel am Sinn des Schreibens überhaupt. Das zeitweilige Scheitern antifaschistischer Bemühungen – im weltpolitischen wie im eigenen Bereich, schlechte Publikationsmöglichkeiten, wenig Kontakt zum Leserpublikum sind wichtige Gründe dafür. Wesentlich ist, daß er neben dem Beruf auch seine poetische Methode in Frage stellt.

»Ich habe mir fest vorgenommen, nach Beendigung dieses Buches (gemeint ist der utopische Entwurf ‚Die Eroberung der Welt', 1949, an den der Autor große Hoffnungen knüpft – U. K.) Bäcker zu werden, wenn nicht der außerordentliche Zufall eintreffen sollte, daß ich das Buch verkaufe! Jedenfalls bin ich nach langem Nachdenken zu der Einsicht gekommen – wenn wir (auch wenn es sich dabei um die größten Künstler und Dichter handelt) nicht von der Gestaltung der *reinen Erinnerung* (Hervorhebung – U. K.) loskommen, hat unser ganzes Schreiben keinen Wert mehr«.[2]

Aus uns vorliegendem Material geht nicht hervor, was den Autor unmittelbar veranlaßt hat, in den Jahren 1963 bis 1965 ein »Bündel Erinnerungen«[3] unter dem Titel »Gelächter von aussen« aufzuschreiben.

»Als Entschuldigung kann er (der ›Narr‹, der nach vierzig Jahren seine Selbstdarstellung fortsetzt – U. K.) nur geltend machen, daß ihn dazu immer wieder Freunde und Bekannte drängten, wie das schon seinerzeit bei der Niederschrift des ersten Teiles von ›Wir sind Gefangene‹ der Fall war. Die darin vorkommenden Erlebnisse erzählte er mündlich oft und oft bei zufälligen Zusammenkünften in den damaligen Schwabinger Künstler-Ateliers, und zum Schluss hieß es stets:›Mensch, warum schreibst Du denn das nicht? Schreib das doch einmal!‹«[4]

Die für die Erzählweise des Werkes wesentliche Methode des Erinnerns läßt sich interessanterweise auch durchgängig in den Briefen des Dichters aus den sechziger Jahren finden. Am 14. 2. 1961 schreibt er an Hedwig Schrimpf: »Ach, wie war unsre Münchner Zeit doch schön, Mascherl, und wie leicht hat man damals dahingelebt, und wie wunderbar wars, dies Aus-dem-Vollen-schöpfen. Es ist gut, und es ist sogar kräftigend, wenn man daran zurückdenkt, das ist, als hätt man in diesen *Erinnerungen* (Hervorhebung – U. K.) immer noch einen recht fruchtbaren Schatz in sich selber, an dem man sich von Zeit zu Zeit delektieren kann«.[5]

Da Grafs Autobiographie mit dem Goetheschen Untertitel »Aus meinem Leben« zentral die Periode zwischen 1918 und 1933 behandelt, drängt sich die Frage auf, ob der Autor nicht in anderen autobiographischen Büchern diesen Stoff schon ausgiebig gestaltet hat. Im Vorwort äußert er sich selbst dazu: »Zeitlich überschneidet sich das jetzt Erzählte manchmal mit der früher geschriebenen Autobiographie (›Wir sind Gefangene‹ – U.K.). Das könnte als *leichtgemachte Wiederholung*, als breit ausgewalzte Verwichtigung von bereits Bekanntem mißverstanden werden. Im Gegensatz dazu handelt es sich aber um ein Nachholen von unbekannten Erlebnissen und Geschehnissen, die für mich erst in der *nachdenklichen Rückerinnerung* (Hervorhebungen – U. K.) insofern Bedeutung gewonnen haben, weil sie – wie mir scheint – auch aufschlußreich für die Atmosphäre der damaligen Zeit sind«.[6]

Rein stofflich sind 9 der 25 Kapitel bereits durch die Bücher »Wir sind Gefangene« und »Wunderbare Menschen« bekannt. Wesentlich ist jedoch, daß die Ereignisse vom Ende des 1. Weltkrieges bis zur Gründung der Weimarer Republik (Kapitel 2 – 6) im Alterswerk eine andere

Bewertung erhalten, vor allem fehlt das »Bekennerhafte und rebellische Pathos jener wilden Aufbruchsjahre«.[7]

Graf schreibt sein letztes Buch als schwerkranker Mann.[8] Es wäre jedoch falsch, wollte man die Ahnung Grafs, nicht mehr viel Zeit für eine literarische Lebensbilanz zu haben, als alleinigen Grund dafür ansehen, daß er seine unmittelbar autobiographischen Darstellungen – mit Ausnahme des Nachlaßbandes »Reise nach Sowjetrußland 1934« – nicht über das Jahr 1933 hinausführt.

Wenn es in der Absicht und in der Möglichkeit des Autors gelegen hätte, wäre folgendes denkbar: Graf läßt mit dem Verweis auf die Bücher »Wir sind Gefangene« und »Wunderbare Menschen« seinen Erinnerungsband zeitlich 1923 einsetzen und führt ihn in 14 (statt in 25) Kapiteln bis 1933. Durch diese »Kraftersparnis« wäre ein Gestalten des Exils und der nachfolgenden Diaspora möglich. Ihm geht es jedoch um ein Nachholen erzählenswerter Erlebnisse sowie um eine distanzierte Neubewertung von bereits Gestaltetem.[9] Es ist keineswegs zufällig, daß in Grafs wesentlichen Büchern stets die Jahre 1918-1933 geschildert werden. Diese Periode erlebt er besonders intensiv, in dieser Phase ereichen die progressiven Kräfte – trotz der am Ende stehenden Niederlage – einen Aufschwung, in diesem Zeitraum ist der Autor im Vollbesitz seiner Kräfte, schafft den literarischen Durchbruch und nicht zuletzt sind die zwanziger Jahre durch ein Aufblühen der Künste und Wissenschaften gekennzeichnet.

Diese aus dem vollen gelebten Jahre unterscheiden sich wesentlich von der Exil- und Diasporazeit. Wie viele Schriftstellerkollegen wird Graf durch mehrere Länder gehetzt, kann nur in kleinen Zirkeln agieren, ist von der Leserschaft ziemlich abgeschnitten, leidet materielle Not. Er muß erleben, wie sich die Bestrebungen um eine antifaschistische Einheitsfront nicht in gewünschtem Maße erfüllen, erfährt seit den dreißiger Jahren von Prozessen gegen angebliche Feinde der UdSSR. Dadurch wird fast alle Hoffnung zerstört, die er an dieses Land knüpft. Er muß zur Kenntnis nehmen, wie viele Freunde und Bekannte von den Faschisten ermordet werden beziehungsweise im Selbstmord enden. Wünsche, die er seit den frühen vierziger Jahren mit der amerikanischen Entwicklung verbindet, bleiben unerfüllt. Aus der Ferne muß er zusehen, daß man in der Bundesrepublik Deutschland keinen Schlußstrich unter die nationalsozialistische Vergangenheit zieht.

Diese Wirklichkeit erscheint Graf lange Zeit weit weniger zur künstlerischen Darstellung geeignet, zumal ihm wichtige weltanschauliche Orientierungspunkte, von denen her in den früheren autobiographischen Werken das Material organisiert wurde, verlorengehen. Die Schwierigkeiten, die Zeitspanne nach 1933 dichterisch zu gestalten, sind beträchtlich – das ist dem Autor nur allzu bewußt.

Ein Blick in die nachgelassenen Papiere des Dichters verrät, daß er ursprünglich gewillt ist, dieses Problem zu bewältigen. Das als künstlerisches Dokument über die Zeit der Weimarer Republik bekannte Buch »Gelächter von aussen« (Arbeitstitel »Gelächter von draussen«) hat Graf so konzipiert, daß lediglich das erste Kapitel (»Persönliches statt einer Einleitung«) den Zeitraum 1918-1933 umfassen sollte. Der Untertitel des ersten Kapitels (Gelächter) »noch von drinnen« weist eindeutig darauf hin.

Folgende Episoden sollten (neben anderen) in das Eröffnungskapitel aufgenommen werden: Begegnungen mit Hitler, George, Ganghofer, Roda Roda, Brecht, Entstehung des »Bayrischen Dekamerons«, finanzieller Erfolg mit dem Roman »Die Heimsuchung« sowie Berufserfahrungen als Schnurrenschreiber.

Der Autor muß gespürt haben, daß der Plan in ursprünglicher Gestalt unrealisierbar ist. Als Keim für die umfangreiche, am Ende 25 Kapitel umfassende Selbstdarstellung ist somit der ursprünglich als Eröffnungskapitel geplante Abschnitt anzusehen. »Wien und Österreich«, »Tschechoslowakei«, »Sowjetrußland 1934«, »Bayern in Amerika« sollten die weiteren Teile des Bandes sein.

Die Erkenntnis, daß das nach 1933 Erlebte in einer kompakten autobiographischen Darstellung schwer faßbar ist, schlägt sich unmittelbar in der Erzählweise und Komposition seines letzten Werkes nieder. Stärker als andere autobiographische Bücher Grafs ist »Gelächter von aussen« von der Gegenwart des Schreibens her erzählt. Probleme, die in die Erzählzeit fallen, werden im Text in gebotener Kürze behandelt.

Ein Hauptmittel, die zeitliche Schranke (1933) zu überwinden, sind die zahlreichen Porträts von Zeitgenossen, in denen deren Schicksal weiterverfolgt wird.

Mitunter geht der Autor auch direkt von der Gegenwart aus und realisiert die Verflechtung der Erzählebenen über ein Stichwort. Wenngleich die politisch brisanten Fragen der sechziger Jahre im Grafschen Text nur leise mitschwingen, so sind sie doch erfaßt. Die ironische Sicht auf seinen »fetten« Bruder Maurus, den Besitzer eines »feinen« Lokals mit »noblen Gästen« wird durch einen »bedeutenden Griff nach vorn« auf das »bundesdeutsche Wirtschaftswunder« ausgeweitet.[10]

Die Neubewertung einer bereits gestalteten Periode, vor allem aber die chronologisch über die Weimarer Republik hinausreichenden Passagen über den Autor, die Nachkriegsentwicklung in den USA, der BRD und der UdSSR lassen »Gelächter von aussen« zur künstlerischen und politischen Bilanz Grafs werden.

Für das Vorhaben, einen längst vergangenen und einen gegenwärtigen Lebensabschnitt durch *eine* Optik zu besichtigen, bot sich eine lockere Komposition an. In Grafs »höchst unordentlicher Chronik«[11] herrscht indessen soviel Ordnung, daß das episodische Material auf der Vergangenheitsebene größtenteils chronologisch organisiert ist.

In der Einleitung und im 1. Kapitel seines letzten Buches bekennt sich Graf ein weiteres Mal zum mündlichen Erzählen, zum Erzählen aus dem Stegreif. Erzählen wird als etwas Grundgeselliges charakterisiert, das die Menschen einander näherbringt, während das Lesen von Gedrucktem Alleinsein erfordere und Distanz erzeuge.[12] Graf beruft sich auf den heute fast vergessenen Anton Kuh: »Ein geborener Stegreiferzähler war meines Wissens der in New York verstorbene Wiener Anton Kuh. Man kannte ihn überall in dem Dreieck Wien – Prag – München in der Vor-Hitler-Zeit als den amüsantesten, einfallsreichsten und schlagfertigsten Unterhalter in den Salons reicher Leute, denen er für ein vorher genau festgelegtes Honorar die Langeweile vertrieb. Das hatte er von Anfang an so eingeführt. ›Börsen- und Rennwettenverluste schluckt die Sippschaft‹, war seine Ansicht: ›Ausgerechnet ihr Dabeisein bei der Literatur soll gratis sein!‹«[13]

Das Stegreiferzählen von Graf in großen und kleinen, autobiographischen sowie nichtautobiographischen Werken bereits erprobt, realisiert sich auch hier als ein Darbieten im Plauderton, ausgelöst durch bestimmte Stichworte.

Neben dem Einfügen unbekannter Episoden und dem Wiedererzählen von bereits anderswo Gedrucktem gibt es mehrere Episoden, die neu, das heißt in variierter Form erzählt werden. Vergleicht man die Schilderungen in den Selbstdarstellungen »Wir sind Gefangene« und »Gelächter von aussen«, wie der Dichter zu seinem zweiten Vornamen »Maria« gekommen ist, so ist beiden der Anlaß für die Namensgebung sowie der Finder des Namens gemeinsam: Der Kriegsmaler Oskar Graf sieht seinen Ruf gefährdet, als er liest, was ein gleichnamiger Dichter über die Erlebnisse im ersten Weltkrieg schreibt. Den Ausweg findet der Maler

Carlo Holzer, indem er seinem Freund vorschlägt, sich künftighin Oskar Maria Graf zu nennen. Was in der frühen Autobiographie auf einer knappen Seite erzählt wird, erscheint unter dem ironischen Titel »Die Firma bekommt einen Namen« im Alterswerk als eigenes Kapitel. Hier erfährt der Leser zusätzlich, daß der Kriegsmaler in einem persönlichen Gespräch dem Dichter im Falle einer Namensänderung 500 Mark zukommen läßt, ihm Cognac sowie Bohnenkaffee verspricht usw.

Dieses Beispiel ist repräsentativ für die Handhabung der autobiographischen Methode durch Graf. Wie hat sich die Namenserweiterung nun »wirklich« ereignet? Wir wissen es nicht, können jedoch vermuten, daß die aus geringerer Distanz geschriebene Fassung dem authentischen Ereignis näherkommt, während die Zweitfassung im Interesse einer besseren Lesbarkeit überhöht dargestellt worden ist. Dies willkürlich gewählte Exempel zeigt erneut, daß man auch der letzten Autobiographie Grafs nicht beikommt, behandelt man sie lediglich als »reines« Dokument. Erst in der Betrachtung als Kunstwerk und als Dokument wird man diesem Buch gerecht. Das ist in der Graf-Forschung bisher ungenügend geschehen.

Jedoch soll keineswegs behauptet werden, der Dokumentarwert von »Gelächter von aussen« sei gering anzusetzen. Im Gegenteil. Das Kunstwerk »Gelächter von aussen« ist geradezu ein Materialfundus für die Forschung. Neben interessanten Bemerkungen zur Schaffensmethode wird Wesentliches zur Entstehungsgeschichte und Rezeption der Grafschen Bücher ausgeführt.

Die umfangreiche Dokumentation »Gelächter von aussen« besteht wiederum aus einer Fülle kleinerer Dokumente. In seine Darstellung montiert der Autor historische und zeitgenössische Pressemeldungen, Rezensionen, Ausschnitte aus Geschichtsdarstellungen, Statistiken, Gedichte (etwa von Rilke und Brecht) und vieles andere mehr. Zur Methode, vorgefundenes Material in die Darstellung einzubeziehen, gehört das ausgiebig verwendete Selbstzitat. Vor allem hat Graf wie Mosaiksteine an verschiedenen Stellen gedruckte beziehungsweise erst nach seinem Tode aufgefundene Porträts von Zeitgenossen zu einem Ganzen gefügt. Die folgende Aufzählung selbstgeschaffener literarischer Dokumente, die mehr oder minder in die Lebensdarstellung aufgenommen wurden, ist keineswegs vollständig: »Kleiner Dank an Thomas Mann«, »Mein Ärger mit dem jungen Brecht«, »Über Rainer Maria Rilke«, »Wer war B. Traven«, »Der zerstörte Schiller« (Toller), »Roda Roda zum Gedenken«, »Mio Carletto ...!« (Carlo Holzer), »Ein barockes Malerporträt« (Georg Schrimpf), »Mein furchtbarstes Erlebnis und seine Folgen« (Ludwig Ganghofer) usw.

Grafs Buch, aus relativ selbständigen Stücken entstanden, muß aber nicht in jedem Falle als Ganzes rezipiert werden. Die weitgehende Autonomie der Kapitel macht den Teilabdruck leicht möglich.[14] Eine gute Lesbarkeit erreicht der Autor durch ein variables Anordnen der epischen Genres. Neben dem Porträt finden sich tagebuchartige Notizen, Anekdoten, Briefe und essayistische Passagen wechseln mit reportagehaften historischen Darstellungen.

Nach seinem Erscheinen hat das Buch breite Leserkreise in der BRD erreicht. Das hängt selbstverständlich auch damit zusammen, daß Graf in erster Linie lustige Begebenheiten gebündelt hat. Der treffend gewählte Titel »Gelächter von aussen« meint zweierlei: Zum einen weist er darauf hin, daß in diesem Buch so manche private und politische Dummheit und Verlogenheit einem krachenden Hohngelächter ausgesetzt werden, und zweitens, daß der um eine gelassene Überschau bemühte Erzähler von seinem früheren Lebens- und Sprachraum getrennt ist. Die Trennung von der Heimat bringt in das Titelmotiv des Gelächters einen elegisch-resignierten Ton. Wenngleich Graf in mehreren Kapiteln ausführlich Feste und Orgien beschreibt, Späße schildert, die er mit befreundeten und verfeindeten Politikern, Malern und Dichtern erlebte, so bleibt das niemals Selbstzweck. Vor allem in den Schlußkapiteln werden die geschilderten Streiche teilweise unappetitlich, das Lachen immer verkrampfter, bis es in den Januartagen 1933 völlig ausbleibt. Obwohl Graf in seinem Buch alle Nuancen des Gelächters, einschließlich der unangenehmen und gefährlichen, vorführt, ist Lachen für ihn vor allem etwas Gesundes. Ob ein Mensch Spaß versteht, herzerfrischend lachen kann, ist für den Autor von »Gelächter von aussen« ein entscheidendes Wertkriterium. Hitler, vom Erzähler von einer weltgeschichtlichen Persönlichkeit zum kleinen Mann gemacht, indem er ihn des öfteren »den Hitler, Adolf« nennt, wird unter anderem durch seine völlige Humorlosigkeit, seine Unfähigkeit zu lachen, charakterisiert.

Wenden wir uns abschließend einigen Aspekten des Geschichtsbildes in Grafs letztem Buch zu. Das ist bedeutsam, da ein flüchtiges Lesen oder die Lektüre von Teilstücken Fehlurteile nicht ausschließt. Die Verwirrung wird verstärkt, nimmt man unkritisch einzelne Äußerungen des späten Graf auf. So behauptet er in der Vorbemerkung, »völlig standpunktlos«[15] zu sein. Grafs letztes Erinnerungsbuch ist ein zutiefst humanistisches, konsequent antifaschistisches Werk, geschrieben von einem Autor, der ein Leben lang mit der sozialistischen Bewegung sympathisiert hat. Dieser Aspekt muß betont werden, da durch viele, überwiegend niederdrückende Erfahrungen auch fatalistische Züge in Grafs späten Werken zu finden sind.

Ähnlich wie Lion Feuchtwanger in seinem Roman »Erfolg« (»Drei Jahre Geschichte einer Provinz«, 1929), verfolgt Graf die Frage, warum sich der deutsche Faschismus vor allem auf bayrischem Boden so günstig entfalten konnte. Dabei interessiert auch ihn die Gestalt Hitlers besonders. Graf zeichnet ausführlich den Weg Adolf Hitlers vom lächerlichen »wotandeutschen Kunstmaler Hüfler oder Hülscher«[16] über den gescheiterten Putschisten des Jahres 1923 bis zum legal an die Macht gekommenen Reichskanzler nach. Von politischer Weitsicht des Autors zeugt die Voraussage der Hitler-Welle – auch wenn man in Rechnung stellt, daß er sich dabei um Jahrzehnte verrechnet hat. »Tiefer Groll, massiver Zorn befällt mich zuweilen, wenn ich bedenke, daß es in Anbetracht der baldigen Landung auf dem Mond unserer Wissenschaft immer noch nicht gelungen ist, das Leben des Menschen um hundert oder zweihundert Jahre zu verlängern. Es erscheint mir nämlich keineswegs unwahrscheinlich, daß bis dahin bedeutende Schriftsteller in der felsenfesten Überzeugung, streng objektiv zu sein, in vielbeachteten Werken diesen satanischen Blutsuchtkranken ebenso historisch glorifizieren werden, ...«[17]

Zuweilen ist Graf bei seiner Schilderung der Bagatellisierung der faschistischen Gefahr jedoch nicht entgangen. Das zeigt sich etwa bei der Darstellung des faschistischen Putsches 1923. Die Putschisten hatten den Münchner Bürgermeister und einige seiner Mitarbeiter verhaftet und planten eine Erschießung. Der Autor läßt einen Genossen berichten: »Die Hakenkreuzhelden haben auf einmal Schiß kriegt. Sie haben die Jacken vom Bürgermeister und den Stadträten angezogen und ihr Zeug auf den Lastwagen geschmissen, haben sich sogar noch entschuldigt und sind abdampft –. Großartig, was? Die verhafteten Minister sollen auch schon wieder frei sein. Man muß bei der Bande bloß frech sein, alsdann kuscht sie. –«[18]

Neben der antifaschistischen Grundhaltung Grafs erweist sich, eng damit verknüpft, die illusionslose Sicht auf die Weimarer Republik als ein wesentliches Moment im Grafschen Gesellschaftsbild. Lakonisch läßt er

das der Sterbestunde der Novemberrevolution und der Geburt der Weimarer Republik vorbehaltene Kapitel enden:
»Die Weimarer Republik mit der besten demokratischen Verfassung der Welt, sie stand.
Tatsächlich, sie stand!
Die Fememorde begannen –«[19]

Auch wenn man einräumt, daß die Weimarer Republik zuerst einmal eine Chance für die Demokratie in Deutschland bot und ihr Untergang keineswegs »vorherbestimmt« war, ist Graf zuzustimmen, wenn er verstärkt auf die von Anfang an bestehenden bedrohlichen Entwicklungen hinweist. Es kann nicht unser Anliegen sein, Oskar Maria Graf hier vorrangig mit der Elle des Historikers zu messen. Die bürgerliche Zeitungskritik hat dies mehrfach getan und dem Autor fleißig historische Irrtümer nachgewiesen. Diese Unexaktheiten im Detail werden zum Anlaß für die Behauptung, wonach Graf »jeder Blick für die Zusammenhänge, das Verständnis für manche Vorgänge getrübt«[20] sei. Solche Aussagen, die nicht einmal bezeichnen, welche Zusammenhänge und Vorgänge gemeint sind, haben allein die Funktion, zu vertuschen, daß Graf die Weimarer Zeit in ihren Wesenszügen sehr genau seziert hat.

Daß Graf früh gewonnene Einsichten im Alter nicht in gleicher Weise akzeptiert, wird daran deutlich, daß er den programmmatischen Satz aus »Wir sind Gefangene« »Ich wußte endgültig wohin und zu wem ich gehörte. –«[21] in variierter Form aufgreift. Sein Frühwerk nimmt er damit zwar nicht zurück, betrachtet es jedoch ironisch gebrochen. In keinem anderen Buch Grafs wird man Widersprüchliches so dicht beieinander finden. Neben einem Loblied auf den tapferen Kommunisten und Antifaschisten Max Holy steht eine Äußerung über Lenin. In einem Gespräch, das Graf mit Rilke geführt zu haben vorgibt und das sich mit der Stellung des einzelnen zum Volk beschäftigt, heißt es: »... ich glaube, auch Lenin denkt so... Er will diese amorphe Masse nach seinem Willen zurechtkneten und sie für seine Zwecke nutzbar machen. Eigentlich verachtet er sie ... Er erkennt nur seine Parteielite an, merkwürdig.«[22]

Im Text der Autobiographie ringt Graf um eine weltanschauliche Positionsbestimmung. Das wirkt bei ihm nicht aufgesetzt, sondern wird in der Auseinandersetzung mit Ludwig Thoma (als dessen Nachfolger der Autor unzählige Male bezeichnet worden ist) entwickelt. »Ein kaltes Grauen fiel mich an, wenn ich mir ausmalte, etwa wie Thoma zum allbeliebten bayrischen Nationaldichter aufzusteigen und auf diese Art behäbig mein weiteres Leben abzuleben. Thoma kam aus der Welt des ländlichsoliden, gehobenen Bürgertums und hatte nie die Schrecknisse, die Wirrungen und das ratlose Ausgeliefertsein an die unbekannten rohen Lebenstücken durchzustehen gehabt wie ich. Wirklicher Hunger, grausige Not, von Kind auf hineingeprügelter Menschenhaß, Unsicherheit und Mißtrauen allem und jedem gegenüber blieben bei ihm zeitlebens ebenso unbekannt wie zügellose, antimoralistische Boheme, wie Klassenkampf, Sozialismus, Revolution und unkontrollierbarer, gefährlicher Masseninstinkt. Er kannte weder den Arbeiter noch das Lumpenproletariat. Er blieb von Anfang bis zu seinem Ende auf eine patriarchalische, tief konservative Art mit dem Bauern verbunden und liebte ihn, wie alles, was von ihm kam und ihn umgab ... Eben deshalb blieb für mich Thoma als literarisches Vorbild unergiebig«.[23]

Mit den Begriffen »Klassenkampf«, »Revolution«, »Sozialismus«, aber auch »gefährlicher Masseninstinkt«, »eingeprügelter Menschenhaß« und »Mißtrauen« hat der Autor in seinem letzten Buch nochmals wesentliche Seiten seines Weltbildes herausgestellt.

Anmerkungen

[1] Ernst Schumacher, Eine Begegnung mit Oskar Maria Graf in Starnberg. In: Deutsche Woche, München, 13. August 1958. Zitiert nach Rolf Recknagel, Ein Bayer in Amerika, Berlin 1974, S. 303.
[2] Graf, Brief vom 4. Oktober 1942 an Gustav Fischer. In: Graf in seinen Briefen, München 1984, S.168.
[3] Graf, Gelächter von aussen, München 1966, S. 14.
[4] Graf, Varianten zu »Gelächter von aussen«, I. »Unbewältigte Vergangenheit«. Graf-Archiv, Box 26, Folder 7.
[5] Graf, Brief vom 14. Februar 1961 an Hedwig Schrimpf. Archiv der Akademie der Künste der DDR.
[6] Graf, Gelächter von aussen, S. 7.
[7] Ebenda, S. 8.
[8] Vgl. dazu Rolf Recknagel, Ein Bayer in Amerika. S. 370 ff.
[9] Vor ähnlichen Schaffensproblemen hat vor ihm schon Becher bei der Fortsetzung seines autobiographischen Romans »Abschied – Einer deutschen Tragödie erster Teil » gestanden. In dem Bemühen, die einseitige Expressionismusbewertung zu überwinden, läßt er sein Nachlaßfragment 1911 (nicht 1914) einsetzen und versucht, alle Fragen »wiederanders« zu durchdenken.
[10] Graf, Gelächter von aussen, S. 239.
[11] Ebenda, S. 245.

[12] Ebenda, S.19.
[13] Ebenda, S. 19.
[14] Im Graf-Archiv werden beispielsweise Teilabdrucke aufbewahrt, die die Begegnungen mit Brecht und Thomas Mann, die Niederschlagung der Münchner Räterepublik, die Entstehung der Autobiographie »Frühzeit« und Ausführungen zu Grafs Erzählprinzip zum Inhalt haben.
[15] Graf, Gelächter von aussen, S. 9.
[16] Ebenda, S. 24.
[17] Ebenda, S. 125.
[18] Ebenda, S. 257.
[19] Ebenda, S. 106.
[20] Rudolf Lehr, Die Absterbejahre der Boheme. In: Oberösterreichische Nachrichten (Linz), 2. April 1966.
[21] Graf, Wir sind Gefangene. München 1927, S. 500.
[22] Graf, Gelächter von aussen, S. 100.
[23] Ebenda, S. 282-283.

2. Graf und zeitgenössische Autoren

Thomas Mann als geistiges Erlebnis
Kommentar zu Dokumenten einer Partnerschaft[1]

Die Entwicklung des Erzählers Oskar Maria Graf wurde von verschiedenen Dichtern nachhaltig bestimmt. Tolstois Einfluß, der sich bis zu dem späten Roman »Die Erben des Untergangs« hin verfolgen läßt, ist genauso zu nennen wie der des Schweizer Erzählers Jeremias Gotthelf.

Mehrmals bekannte sich Graf ausdrücklich zu Gorki. Nachdem der Achtzehnjährige 1912 Gorki vergebens in Italien zu treffen suchte, kam es erst spät, anläßlich des Moskauer Schriftstellerkongresses (1934), zu einer persönlichen Begegnung. Im Todesjahr Maxim Gorkis äußerte Graf, daß ihn keine Autobiographie so gefesselt habe wie die Gorkische Trilogie. Dichtung und Person Rainer Maria Rilkes waren besonders für den frühen Graf bedeutsam und führten nicht unwesentlich dazu, daß er sich ab 1918 Oskar *Maria* Graf nannte.

Aus dem Essay »Dem Gedenken Ludwig Thomas« (1944) wird ersichtlich, wie bedeutsam dessen Prosa für Graf gerade in der amerikanischen Emigration wurde. Namen wie Hebel, Nexö, Hesse, Dreiser und andere waren für Grafs künstlerischen Werdegang ebenso von Bedeutung. Keinem Schriftsteller aber räumte Graf in seinem späten Band »An manchen Tagen« (1961) einen solchen Platz ein wie Thomas Mann.

Da das Werk Grafs in der Wissenschaft insgesamt nicht die gebührende Anerkennung fand, sind auch diese Thomas-Mann-Dokumente[2] kaum im Komplex beachtet worden. Es wäre zu fragen, wie es zu einer Partnerschaft zwischen zwei Autoren kam, die durch eine Generation getrennt waren, völlig unterschiedliche soziale Erfahrungen mitbrachten und Schriftsteller ganz verschiedenen Typs waren.

Fest steht, daß Thomas Manns Werk und Persönlichkeit Graf etwa seit 1919 intensiv beschäftigten. »In all den Jahre meines Irrens und Trachtens habe ich Ihr Werk verfolgt. Es hat so ziemlich jede Empfindung in mir ausgelöst: einmal wilde Ablehnung, dann wieder glückliche Begeisterung. Immer hat es mich beschäftigt und beunruhigt«.[3]

Obwohl nach Grafs nicht exakt nachprüfbarer Aussage der erste Brief von Thomas Mann auf das Jahr 1917 zurückgeht und die Beschäftigung mit dem Werk Thomas Manns sehr früh einsetzte, kam es erst 1926 zu einer ersten, aber für Grafs weiteren Weg bedeutsamen persönlichen Begegnung.

Zunächst wäre jedoch Grafs Verhältnis zu Thomas Mann bis 1926 kurz zu charakterisieren. Es stehen dafür keine »Originaldokumente« zur Verfügung, sondern nur die oben genannten Rückschaumaterialien Grafs. Bereits die Rezeption der frühen Novellen Thomas Manns sowie die Beschäftigung mit »Fiorenza«, »Buddenbrooks«, »Königliche Hoheit« und vor allem mit den »Betrachtungen eines Unpolitischen« verrät, daß Oskar Maria Graf nie »einen banalen Verhimmlungshymnus«[4] auf Thomas Mann anstimmte. Im Jahr 1917, zu einem Zeitpunkt, wo Graf noch kein Buch Thomas Manns kannte, aber um die »Berühmtheit« dieses Autors wußte, wandte er sich an ihn mit der Bitte, an einer geplanten Zeitschrift mitzuarbeiten. Thomas Mann begrüßte in wohlwollender Weise dieses Vorhaben, das freilich ein Vorhaben blieb, denn es erschien nicht eine einzige Nummer dieser Zeitschrift. Als Graf während der Konterrevolution im Mai 1919 in München verhaftet wurde, machte er zufällig mit »Fiorenza« Bekanntschaft. »Mein Gott, wie oft habe ich in all den Jahren dieses Meisterstück gehämmerter deutscher Prosa gelesen! Und wie glücklich und beklommen zugleich macht mich immer wieder die große Szene der Aussprache zwischen dem sterbenden Lorenzo de Medici und dem Prior Girolamo, in welcher der ausschweifend genußsüchtige, ins Schöne verliebte Lorenzo den ichbesessenen, fanatisch-finsteren Büßermönch als – ja, als vorweggenommene Hitlergestalt entlarvt.«[5]

Daß die »Betrachtungen eines Unpolitischen« dagegen bei Graf – und bekanntlich nicht nur bei ihm – auf scharfe Ablehnung stießen, war nicht verwunderlich, wenn man seine Herkunft und seine sozialen Erfahrungen in Krieg und Revolution berücksichtigt. Den zentralen Punkt seiner Polemik, Thomas Manns Stellung zum Volk, formulierte Graf im Geburtstagsbrief vom 29. Juni 1945 so entschieden, daß man es für ratsam hielt, diese »ernsten unkonventionellen Worte«[6] dem Jubilar nicht vorzulesen.

Graf schrieb, aus den »Betrachtungen« zitierend: »›Mein Gott, das Volk!‹ schreiben Sie einmal und fahren fort: ›Hat es denn Ehre, Stolz – von Verstand nicht zu reden? Das Volk ist es, das auf den Plätzen singt und schreit, wenn es Krieg gibt, aber zu murren, zu greinen beginnt und den Krieg für Schwindel erklärt, wenn er lange dauert und Entbehrungen auferlegt. Womöglich macht es dann Revolutionen; aber nicht aus sich; denn zu Revolutionen gehört Geist, und das Volk ist absolut geistlos. Es hat nichts als die Gewalt, verbunden mit Unwissenheit, Dummheit und Unrechtlichkeit ...‹ Ich nehme nicht an, sehr verehrter Herr Thomas Mann, daß Sie irgendein Buch, das Sie je geschrieben haben, nicht ernst nehmen, daß Sie es am liebsten ungeschrieben wüßten. Jedes – wie sollte es auch anders sein können! – ist der Ausdruck Ihrer komplexen Persönlichkeit, Ihres ureigenen Geistes. Ich aber gehöre zu jener Masse ›Volk‹, der Sie Unrechtlichkeit vorwerfen. Ich möchte mich nicht einer solchen ›Unrechtlichkeit‹ schuldig machen, indem ich Ihnen an Ihrem Jubeltag eine Unwahrheit sage. Sie und der überwiegende Teil jener geistigen europäischen Generation, der Sie angehören, haben dieses Volk nie gekannt und es im tiefsten stets abgelehnt. Diese Generation entschied sich für Nietzsche – aber nicht für Tolstoj.«[7]

Thomas Mann antwortete: »Sie zitieren in Ihrer Kundgebung eine anstößige Stelle aus den ›Betrachtungen eines Unpolitischen‹. In Shakespeares ›Coriolan‹ stehen schlimmere Dinge über das ›Volk‹. Aber das ist keine Entschuldigung. Was ich sagen möchte oder vielmehr Ihnen bestätigen möchte, da Sie es selbst schon annehmen, ist nur, daß ich jenes Schmerzensbuch niemals verleugnen werde. Erstens hängt man an Dingen, bei deren Herstellung man gelitten hat wie ein Hund, und zweitens weiß ich zu gut, welche Funktion das Buch in meiner geistigen Entwicklung gehabt hat. Selbst künstlerisch bin ich ihm zu Dank verpflichtet, denn ohne diese dialektische Vorbereitung wäre der Gedankenbau des ›Zauberbergs‹ nicht möglich gewesen.«[8]

Will man Grafs Aufnahme der vielfältigen Künstlerdarstellungen Thomas Manns, vor allem in den bis 1914 entstandenen Novellen verdeutlichen, gilt es zu erinnern, daß das Künstlerthema im Gesamtwerk Grafs keine unerhebliche Rolle spielt. Es reicht von den Künstlerporträts »Maria Uhden« (1921) und »Georg Schrimpf« (1923) über die Chronik der Münchner Arbeiterbühne, »Wunderbare Menschen« (1927), und die Erzählung »Ein Dichter wider Willen« (1951) bis hin zum New-York-Roman »Die Flucht ins Mittelmäßige« (1959). Es handelt sich bei diesen Arbeiten, läßt man den letzten Roman außer acht, um Porträts, eine humorvolle Chronik und eine autobiographische Erzählung. Die dargestellten Künstler haben real so existiert, wie Graf sie schildert. Zu den fiktiven Künstlerdarstellungen Thomas Manns fand der junge Graf, noch stark unter dem Eindruck der Novemberrevolution stehend, zunächst wenig Bindung. »Jung und draufgängerisch der sozialen Weltveränderung zugewandt, mißfielen mir Melancholie und Ironie des ›Tonio Kröger‹ und das langsame Verlöschen des schönheitstrunkenen Herrn Gustav von Aschenbach im ›Tod in Venedig‹. (Damals, mein Gott, ergriff uns Barbusses ›Feuer‹ – und wie vergangen ist es!) Auch der aus behaglicher Lust geschriebene, jetzt verfilmte Roman ›Königliche Hoheit‹ und die vielgerühmte Novelle ›Unordnung und frühes Leid‹ erweckten nicht den Drang in mir, sie wieder zu lesen.«[9]

Der Verweis auf die Rezeption der »Buddenbrooks« ist insofern wichtig, als Graf 1925 mit der »Chronik von Flechting« einen Dorfroman vorlegte, der nicht ganz zu Unrecht als »bäurische Buddenbrooks«[10] charakterisiert wurde. In dieser Chronik führt Graf den Verfall der Handwerkerfamilie Farg (Anagramm von Graf) zwischen 1830 und 1871 vor. Wie Thomas Mann fügte auch Graf Familiendokumente behutsam in den Roman ein. Die Dorfchronik Grafs unterscheidet sich von den »Buddenbrooks« dadurch, daß der Autor eine Erzähloptik bevorzugt, die die Probleme der kleinen, hart um ihre Existenz ringenden Leute von »unten« betrachtet.

Die Jahre 1926/27 waren für die Beziehungen zwischen den beiden Dichtern von besonderer Bedeutung, da aus der einseitigen Beschäftigung Grafs mit Thomas Mann gegenseitige Achtung wurde. Niemals wieder hat Thomas Mann eine so tiefsinnige und im Ansatz bis heute gültige Analyse eines Grafschen Buches vorgelegt und zudem einen so entscheidenden Anteil am Zustandekommen eines Werkes von Graf genommen wie 1927 bei »Wir sind Gefangene«. Er äußerte sich auch in den folgenden Jahren des öfteren über Graf, etwa über so bedeutende Romane wie »Das Leben meiner Mutter« (1947) und »Unruhe um einen Friedfertigen« (1947).

Die Jahre 1926/27 müssen somit als Anfang und Höhepunkt in den Beziehungen Thomas Manns zu Graf gesehen werden, und nicht umsonst machte Graf diese Phase zum Dreh- und Angelpunkt seiner New Yorker Thomas-Mann-Rede (1955). Wie kam es zu diesem Kontakt?

Graf berichtet über die erste Begegnung von 1926: »Ich kam mit einer Resolution mehrerer Kollegen zu ihm, die er unterschreiben sollte. Ein Diener empfing mich in seinem Münchner Haus an der Poschingerstraße, führte mich ins Arbeitszimmer, Thomas Mann kam herein, wir begrüßten uns, ich nannte meinen Namen und sagte, um was es sich handle. Er bot mir einen Stuhl an, setzte sich an den schönen Schreibtisch, überlas bedachtsam das Schriftstück, stimmte zu und unterschrieb es. Währenddessen fixierte ich unbemerkt ihn und seine Umgebung, ein wenig befangen, sehr neugierig, mißtrauisch und gespannt. Was ich hier sah und roch, war eine mir fremde Welt, die ich seit meiner Brotbubenzeit auf dem Dorfe als diejenige der ›besseren Leute‹, der ›feinen

Herrschaften‹ empfand. Und sie war es jetzt erst recht, seitdem ich in Bäckereien, Mühlen und Fabriken gearbeitet, zum Krieg gezwungen worden war, mit meinesgleichen an einer Revolution mitgekämpft und eine blutige Gegenrevolution erlebt hatte, bei welcher viele meiner Freunde standrechtlich erschossen oder zu langen Gefängnisstrafen verurteilt worden waren. Sie war nicht mehr nur eine fremde, sie war eine feindliche Welt für mich geworden!«[11]

Als sich die etwas kühl verlaufende Begegnung ihrem Ende zuneigte, geschah für Graf etwas Verblüffendes: »Ich wollte schon aufstehen, als er sich legerer in den Stuhl zurücklehnte und unvermittelt erzählte, er habe da neulich seiner Frau in Davos aus einem Buch von mir vorgelesen, und sie habe sich dabei fast gesund gelacht. Es war der noch völlig unbeachtete erste Teil meiner Autobiographie ›Wir sind Gefangene‹, der von meiner frühen Kindheit bis zu meiner Dienstverweigerung im ersten Weltkrieg reicht, ein Buch, das – wie ich annahm – ihm seiner ganzen Tradition, seiner Überzeugung und Natur nach schrecklich zuwider sein mußte.«[12]

In der Tat war dieser »erste Zuspruch eines ganz großen Schriftstellers«[13] zur Autobiographie »Frühzeit« (1922) bedeutsam. Diese bis dahin kaum wahrgenommene Vorarbeit zu dem berühmten, in viele Sprachen übertragenen Buch »Wir sind Gefangene« war im wesentlichen mit dem ersten Teil dieses Werkes identisch. (Noch in der Fassung von 1927 hieß der erste Teil »Frühzeit«, und erst durch den zweiten Teil, der die Schilderung der Novemberrevolution enthält, wurde »Wir sind Gefangene« zum großen Bekenntnisbuch.) Thomas Manns Interesse für »Frühzeit« und sein Fragen nach Fortsetzungsplänen bestärkten Graf, den zweiten Teil abzuschließen. Doch der Drei-Masken-Verlag wollte das Buch nur herausbringen, wenn ein bekannter Autor (man dachte an Thomas Mann oder Gerhart Hauptmann) diesen Band mit einem Vorwort versehen würde. Thomas Mann, der zu dieser Zeit bereits intensiv an den »Joseph«-Romanen arbeitete, lehnte ab, versprach aber, das Buch nach seinem Erscheinen eingehend zu würdigen.

In der Beurteilung von »Wir sind Gefangene«, des Buches, mit dem Oskar Maria Graf seinen literarischen Durchbruch schaffte, schieden sich die Geister. Die Palette der Kritik reichte von der programmatischen Zustimmung in der »Roten Fahne« über begeisterte Äußerungen Romain Rollands, Gorkis, Arnold Zweigs u.a. bis hin zu totaler Ablehnung in Hitlers »Völkischem Beobachter« oder in der »Politischen Wochenschrift für Volkstum und Staat«. (Als sich 1933 die Nazis bei Graf anzubiedern versuchten und sein Werk nicht auf den Index setzten, machten sie eine Ausnahme: »Wir sind Gefangene«.)

Die Franksche Verlagsbuchhandlung in Stuttgart würdigte Grafs Buch, indem sie 1929 einen ausführlichen Beitrag über den Dichter in ihren Band »Weltstimmen« aufnahm.

Thomas Manns Besprechung der Autobiographie in der amerikanischen Zeitschrift »The Dial« vom Juli 1927 hatte am großen Erfolg des Bekenntnisbuches einen entscheidenden Anteil. Seine Rezension begann mit der Bemerkung, daß seit längerem kein Buch ihn »so gefesselt, verwundert und beschäftigt hat, wie diese Aufzeichnungen eines Dreiunddreißigjährigen«[14].

Aus diesen »Aufzeichnungen« hob Thomas Mann vier wesentliche Momente hervor:

Erstens dürfe man »die Voraussetzungslosigkeit des Sansculottisch-Originalen niemals zu wörtlich nehmen«, da zur Entstehung eines guten Buches sicher Lektüre, Kultur, Anlehnung, kurz, was man Bildung nennt, gehöre.[15] (Das traf etwas Wesentliches, da Graf gern mit seiner »Unbildung« kokettierte. Ironische Äußerungen wie, er sei nur Schriftsteller geworden, weil das eine sitzende Tätigkeit sei,[16] sind typisch für ihn.)

Zweitens hob Thomas Mann hervor, hier sei »neue Welt, proletarische Welt, Leben, das längst andere Sorgen hat als Kunst und Geschmack und das seit einem Jahrzehnt unser aller Teil ist«[17].

Drittens stellte der Rezensent heraus, daß Grafs Bodenständigkeit nicht mehr die eines Ganghofer, Ruederer oder Thoma sei. Dazu sei seine Urwüchsigkeit »zu gründlich infiziert von internationaler Literatur und internationalem Sozialismus und sein Volksbegriff zu revolutionär. Auch ist er nicht Bauer, Jäger, Holdrio-Gebirgler, sondern Städter...«[18]

Viertens erfaßte Thomas Mann, für den der epische Kunstgeist der Geist der Ironie ist,[19] treffend die Art und Weise, mit der Graf – alle Nuancen des Humors kennend – seine »Helden« in ihrer Dialektik charakterisierte, wenn er schrieb, dieser sei »ungeschlacht und sensibel, grundsonderbar, leicht idiotisch, tief humoristisch, unmöglich und gewinnend«. »Sein Blick liegt auf Menschen und Dingen – volkhaft stumpf, wie es scheint, scharfsichtig in Wahrheit, verschmitzt, in verstellter Blödheit, und läßt sich nichts vormachen, von keiner Seite. Ein proletarischer Golem tappt lehmschwer, staunt, wird wild, schlägt drein, hilft sich listig und plump durch die Zeit, die ihn beschmutzt und erniedrigt und doch mit vielem ihr Eigenem auf seiner Seite ist.«[20]

Das Jahr 1938, in dem beide Schriftsteller in die USA emigrierten, ist als der Beginn einer neuen Phase in den Beziehungen zwischen Thomas Mann und Oskar Maria Graf anzusehen. Am 7. Oktober 1938 wurde in New York der Schutzverband Deutsch-Amerikanischer Schriftsteller (SDAS) gegründet. Als Ehrenvorsitzender wurde Thomas Mann gewählt, während Oskar Maria Graf als erster und Ferdinand Bruckner als zweiter Vorsitzender fungierten. Aus dieser Zeit gibt es drei Briefe Thomas Manns an Graf, bei denen es sich um wertvolle Exildokumente handelt. Aus den zwei ersten Briefen von 1938 geht hervor, daß sich beide Schriftsteller unermüdlich für andere Emigranten einsetzten. Im Brief vom 1. November 1938 heißt es: »Lassen Sie mich noch sagen, daß ich sehr gerührt bin von Ihrer hingebungsvollen kameradschaftlichen Tätigkeit. Auch verstehe ich mich nur zu gut auf das Leiden, das uns allen unsere Ohnmacht oder doch außerordentlich beschränkte Möglichkeit, zu helfen, verursacht.«[21]

Das Schreiben Thomas Manns vom 1. Oktober 1941 (dem ein Brief Grafs vorausging, in dem dieser über finanzielle Not auf Grund schlechter Publikationsmöglichkeiten berichtete) enthält neben der wichtigen Bemerkung, daß er erst für seinen »alten Bruder den SOS-Ruf ergehen lassen müsse«, noch einen bedeutsamen Hinweis: »Bisher war ich auf Ihren Tolstoi am neugierigsten; aber was Sie mir über den Gegenstand Ihres Romans, seine Absichten und Hintergründe und Beobachtungen sagen, die Sie mit den jungen antihitlerischen Nationalisten in Deutschland angestellt haben, läßt mich fast wünschen, Sie möchten dieser Arbeit durchaus den Vorzug geben.«[22]

Nach dem bereits erwähnten »unkonventionellen« Geburtstagsbrief Grafs von 1945 ist ein emphatischer Brief Thomas Manns aus dem Jahre 1948 beachtenswert, in dem dieser sich für ein zugesandtes Exemplar von »Unruhe um einen Friedfertigen« bedankt. Thomas Mann schreibt: »...aber dieser Roman der ›Unruhe‹ ist wohl Ihr Bestes und Stärkstes und erregt den dringenden Wunsch, er möge recht viele deutsche Leser, vor allem aber Ihre oberbayrischen Landsleute ereichen, damit sie sehen, es lebt ihnen in der Ferne ein großer Volksschriftsteller, der sie kennt und dichterisch leben läßt wie keiner... So ist hier in dem Rahmen dörflichen Lebens wahrhaftig die Epoche eingefaßt. Diese zu ›besichtigen‹ (Anspielung auf Heinrich Mann – U.K.) versuchen wir alle. Aber mir kommt vor, Sie sind am glücklichsten damit fertig geworden.«[23]

Auch für den 1947 erstmals in deutscher Sprache erschienenen Roman »Das Leben meiner Mutter« fand Thomas Mann Worte außerordentlicher Hochschätzung, indem er dieses Werk »ein in seiner Art klassisches Buch«[24] nannte.

Thomas Mann äußerte sich in den bekannten Dokumenten nur zu den besten Werken Grafs und dabei immer sehr positiv.

Lediglich auf den gutgemeinten, aber letztlich wohl mißlungenen Zukunftsroman »Die Eroberung der Welt« (1949) reagierte Thomas Mann verhalten-ironisch, als er am 14. November 1949 Nelly Mann berichtet: »Gestern war Heinrich bei uns. Er hatte gerade wie ich einen großmächtigen Zukunftsroman von Oskar Maria Graf, von Einstein sehr empfohlen, zugeschickt bekommen und sagte: ‚Ich hatte angefangen, den Graf zu lesen, aber da kam Vikos Buch (Viktor Mann, ›Wir waren fünf‹ – U. K.), und seitdem lese ich das!‹«[25]

Abschließend noch einige Bemerkungen zu Grafs Schriften über Thomas Mann, die in Thomas Manns letztem Lebensjahr entstanden. Im Vorfeld dürfte von Interesse sein, daß Thomas Mann 1954, anläßlich des 60. Geburtstages von Graf, eine Würdigung schrieb, aus der hervorgeht, daß er Grafs späte Lyrik zur Kenntnis nahm.

Im Geburtstagsbrief an Thomas Mann aus dem Jahre 1955, in dem Graf seine Hochschätzung für die Thomas Mannschen Essays sowie für den »Zauberberg« und für »Lotte in Weimar« ausdrückt, findet sich eine Passage über den »Doktor Faustus«, die hier unkommentiert und in voller Länge wiedergegeben werden soll:

»Dann ging ich doch eines Tages an den ›Faustus‹, und mir, dem für Musik fast Unempfänglichen, wurden auf einmal die Stellen über Musik hinreißend interessant, ich begriff etwas von ihrem vieldeutigen Wesen, von ihrer gefährlichen Kraft der Bezauberung. Und Zeitblom und Leverkühn, wie oft haderte ich mit ihnen und wie oft erschütterte mich die Einheit Thomas Manns, die in diesen zwei Menschen so überdeutlich wird! Und wie weh tut es mir, vor diesem grandiosesten Werk der Weltliteratur in den letzten hundert Jahren einbekennen zu müssen, daß es erzählerisch ein mißlungener Roman ist, ein Monstrum an Gewalt und Eindruckskraft wie Dostojewskijs ›Brüder Karamasow‹ und doch ein Zuviel an zusammengefaßter epischer Konstruktion. Es ist – er sagt es selber oft und oft – der bohrend grübelnde Zimmermensch Thomas Mann, der gleichsam von der ungeheuren Last seiner Einsichten erdrückt wird, dem hier der Instinkt für das fließend Erzählerische entweicht, ganz und gar bei der Teufelsbegegnung. Und dennoch und trotz alledem wird keiner, dem Lesen das halbe Leben bedeutet, dieses Buch je wieder vergessen und es sicher bei der zweiten oder dritten Lektüre als etwas geistig Entscheidendes nicht nur im Dasein des Dichters, sondern unserer ganzen Zeit erleben.«[26]

In der New Yorker Rede sprach Graf einen Gedanken prononciert aus, der für seine eigene Schaffensmethode sehr wichtig war: »Das Riesenwerk Thomas Manns ist zu einem sehr großen Teil eine oft nur wenig verschlüsselte Autobiographie, eine unentwegte Auseinandersetzung mit sich selber... Das Autobiographische, das Thomas Mann mit ungeheurer Erkenntnisleidenschaft immer wieder ins Allgemeingültige erhob, das ermutigt auch mich, *autobiographisch zu bleiben,* und ich kann nur hoffen, daß man mir das nicht als Eitelkeit anrechnet.«[27] (Hervorhebung – U.K.)

Dieses »Autobiographisch«-Bleiben, über das Graf in der Rede nachdenkt, hatte für sein Gesamtwerk entscheidende Bedeutung. Etwa ein Drittel der insgesamt vierzig Bücher Grafs sind »reine« Autobiographien, die neben solchen bedeutenden, aus exakter Milieukenntnis geschriebenen Werken wie »Bolwieser« (1931), »Anton Sittinger« (1937), »Unruhe um einen Friedfertigen «(1947) und den »Kalendergeschichten« (1929) zu den Werken Grafs gehören, die man noch heute mit Gewinn liest. Indem Graf Thomas Manns Werk als wenig verschlüsselte Autobiographie faßte, holte er sich bei ihm in gewisser Weise eine Legitimation für seine eigene künstlerische Methode.

Bei aller Verehrung und Dankbarkeit für den Erzähler Thomas Mann, die aus den angeführten Dokumenten spricht, klingen bei Graf auch bis zum Schluß kritisch-distanzierte Töne an. Ablesbar ist das an der Tatsache, daß Graf mehr Sympathie für das nicht ohne kritischen Abstand geschriebene Erinnerungsbuch Monika Manns, »Vergangenes und Gegenwärtiges«, als für Erika Manns sachlichen Bericht »Das letzte Jahr« bezeugte.

Schon zu Lebzeiten Thomas Manns, aber vor allem nach 1955, beschäftigte Graf das Problem der eigenen Mittelmäßigkeit so intensiv, daß er als alter Mann erwog, wieder als Bäcker zu arbeiten. Thomas Mann und Brecht waren für ihn Dichter, die ihre Zeit weit überdauern würden, während er selbst wohl bald vergessen sein würde. Dieses Thema gestaltete er in dem Roman »Die Flucht ins Mittelmäßige«. In diesem Buch schildert Graf das Leben des heimatlosen Angestellten Martin Ling, der, weil er aus dem Stegreif gut erzählen kann, von seinem aus Diasporiten bestehenden Freundeskreis für einen Dichter gehalten wird. Da Ling für sein Erstlingswerk eine hohe Prämie versprochen bekommt, ist er gezwungen zu schreiben. Trotz anfänglicher Erfolge kommt der Held zu der bitteren Erkenntnis, daß er kein wesentlicher Autor ist und verschwindet in der Mittelmäßigkeit. Interessant ist, daß Ling eine Zeitlang glaubt, als Thomas-Mann-Epigone seinen Weg machen zu können.

Oskar Maria Graf ließ seine Rede auf Thomas Mann mit folgenden Worten ausklingen: »In meinem Innersten aber weiß und empfinde ich, daß nach Gandhi und Einstein mit ihm etwas Unwiederbringliches aus unserer Welt und Zeit wegschwand, das für mich stets die stärkende Luft meines Trachtens und Strebens, das Ferment meines Lebens und Herzens war.«[28]

Der Kommentar zu Dokumenten einer Partnerschaft machte deutlich, daß Thomas Manns Interesse an Grafs schriftstellerischem Werk vor allem auf die gelungene Gestaltung eines Milieus zurückging, welches ihm selbst fremd war. Die Partnerschaft beider Autoren, die sich im antifaschistischen Kampf in den USA weiter festigte, war andererseits für Graf bedeutsam, da er in der künstlerischen Methode Thomas Manns stets eine Bestätigung seiner eigenen, stark vom Autobiographischen geprägten Schaffensweise sah.

Anmerkungen

[1] Titel der New Yorker Gedenkrede von Oskar Maria Graf aus dem Jahre 1955. In: Oskar Maria Graf, An manchen Tagen. Reden, Gedanken und Zeitbetrachtungen. Frankfurt a. M. 1961. Diese Rede bildet den größten Teil des Komplexes »Um Thomas Mann«, S. 289-320, aus dem im folgenden zitiert wird.

[2] In Grafs Nachlaß finden sich Briefe Thomas Manns. Auch mit Heinrich und Klaus Mann hat Graf korrespondiert. – Besonders erwähnenswert ist Heinrich Manns lobende Besprechung des Romans »Der Abgrund« in der »Pariser Tageszeitung« vom 22. November 1936. (Vgl. Heinrich Mann, Verteidigung der Kultur. Berlin 1971, S. 406 f.).

[3] Graf, Briefwechsel anläßlich seines siebzigsten Geburtstages. In: Graf, An manchen Tagen, S. 289.

[4] Graf, Thomas Mann als geistiges Erlebnis. In: Graf, An manchen Tagen, S. 307.

[5] Ebenda, S. 304.

[6] Thomas Mann an Oskar Maria Graf, 29. Juni 1945 (Antwort auf Grafs Geburtstagsbrief). In: Graf, An manchen Tagen, S. 292.

[7] Oskar Maria Graf an Thomas Mann (Brief zu 70. Geburtstag Thomas Manns). In: Graf, An manchen Tagen, S. 290. – Das Thomas-Mann-Zitat ist dem Kapitel »Politik« aus den »Betrachtungen eines Unpolitischen« entnommen. In: Thomas

Mann. Das essayistische Werk. Taschenbuchausgabe in 8 Bänden. Hrsg. von Hans Bürgin, Frankfurt a. M. 1968, Bd.1, S. 276.
[8] Thomas Mann an Oskar Maria Graf, 29. Juni 1945. In: Graf, An manchen Tagen, S. 292.
[9] Graf, Kleiner Dank an Thomas Mann zu seinem 80. Geburtstag. In: Graf, An manchen Tagen, S. 295.
[10] Diese Formulierung findet sich u.a. in: Oskar Maria Graf, Kalendergeschichten. München 1929 (Anhang). – Die erste Lektüre der »Buddenbrooks« setzt Graf sehr früh an. 1955 schreibt er: »Vor ungefähr vierzig Jahren (das wäre 1915 und widerspräche der Aussage, daß 1919 »Fiorenza« die erste Bekanntschaft mit Thomas Manns Werk gewesen sei – U.K.) las ich die ‚Buddenbrooks' zum erstenmal. Das Familiär-Zuständliche darin zog mich sogleich in den Bann, das ‚Lübeckische' blieb mir als zu stark heimatbelastetem Bayern zu ungewohnt und fremd. Nach zehn Jahren wurde auch dies für mich anheimelnd, und nachdem ich hier in New York vor etlichen Jahren abermals das Buch las, ging ich mit diesen Menschen in den Räumen und auf den Straßen umher.« (In: Graf, An manchen Tagen, S. 294.)
[11] Graf, Thomas Mann als geistiges Erlebnis. In: Graf, An manchen Tagen, S. 305 f.
[12] Ebenda, S. 309f.
[13] Ebenda, S. 310.
[14] German Letters VII; in: H. Wysling, Dokumente und Untersuchungen – Beiträge zur Thomas-Mann-Forschung, Bern und Zürich 1974, S. 58.
[15] Ebenda, S. 58.
[16] Graf, Notizbuch des Provinzschriftstellers O.M. Graf 1932. Basel, Leipzig, Wien 1932, S. 7.
[17] German Letters VII, a.a.O., S. 59.
[18] Ebenda, S. 59.
[19] Vgl. Die Kunst des Romans. Vortrag für Princeton-Studenten. In: Th. Mann, Gesammelte Werke in zwölf Bänden, Berlin und Weimar 1965, S. 457-471.
[20] German Letters VII, a.a.O., S. 59f.
[21] Th. Mann an Graf, 1. November 1938. In: Briefe, Hrsg. von Erika Mann, Berlin und Weimar 1965 (Bd. I u. II, Bd. III 1968) Bd. II, S. 66.
[22] Ebenda, S. 224.
Im Nachlaß Grafs fand sich ein umfangreiches Fragment über Tolstoi, an dem der Dichter jahrzehntelang arbeitete, während die vorgezogene Arbeit der Roman »Er nannte sich Banscho« war, den Graf im September 1941 begann.
[23] Briefe Bd. III, a.a.O. S. 25.
[24] Graf, Gelächter von außen. München 1966, S. 519 (Anhang).
[25] Th. Mann an Nelly Mann, 14. November 1949, Briefe, a.a.O., Bd. III, S. 115.
[26] Graf, Kleiner Dank an Thomas Mann zu seinem 80. Geburtstag. In: Graf, An manchen Tagen, S. 294 f.
[27] Graf, Thomas Mann als geistiges Erlebnis. In: Graf, An manchen Tagen, S. 301 f.
[28] Ebenda, S. 313.

Grafs Ärger mit dem jungen Brecht

Aus den vierziger Jahren gibt es ein Foto, das Werner Hecht in seine 1978 erschienene Brecht-Bild-Biographie aufnahm. Es zeigt an einem New Yorker Stammtisch die exilierten Schriftsteller Bertolt Brecht und Oskar Maria Graf. Brecht, die Zigarre in der Hand, hinter einem Limonadenglas sitzend, blickt den Betrachter verschmitzt lächelnd an, neben ihm, einen riesigen Bierseidel hebend und ein breites Lachen auf dem Gesicht, der vier Jahre ältere Graf. Das Bild erweckt den Eindruck von Eintracht, wenn nicht gar Freundschaft.

Die erste Begegnung der beiden bayrischen Dichter 1920 in München hingegen verlief wesentlich kühler: Eines Tages kommt Brecht zu Graf, dem Dramaturgen der Münchner Arbeiterbühne, um zu erfahren, ob dieser das Drama »Trommeln in der Nacht« für eine Inszenierung vorzuschlagen gedenkt. Graf gab dem Dramatiker das Werk ungelesen zurück. Als Brecht den Grund für diese Ablehnung wissen möchte, mußte er erfahren, daß die Bühne feuerpolizeilich nur für acht Personen zugelassen war. Nach Grafs Überlieferung soll Brecht darauf nur »großartig« gesagt haben. In den Exiljahren, als Graf Brecht dieses Erlebnis erneut erzählt, soll dieser seinen ironischen Strichmund sogar zu einem wirklichen Lachen gebracht haben.

Interessant ist, daß Oskar Maria Graf diese Episode zu Brechts Lebzeiten nicht veröffentlicht hat. In der frühen Theaterchronik »Wunderbare Menschen« (1927) fehlt sie. Der Grund dafür, daß er die Geschichte erst Jahre nach dem Tode Brechts – dafür dann unter verschiedenen Titeln des öfteren – drucken läßt, liegt wohl darin, daß Graf bei seinen Schilderungen gern mit Mitteln der Überhöhung arbeitet, um sie dem Leser besonders schmackhaft zu machen. An dem Kritiker Brecht hat ihm in diesem Falle wohl weniger gelegen.

Liest man Grafs berühmte Autobiographie »Wir sind Gefangene« und achtet vornehmlich auf die Gestaltung Oskars, so liegt die Vermutung nahe, daß Graf die Lektüre von Brechts genialem Frühwerk »Trommeln in der Nacht« nachgeholt hat, auch wenn er sich gern als der unbelesene Naturbursche zu geben versucht hat. Die Wirkung beispielsweise auf einen sowjetischen Leser der zwanziger Jahre dürfte mit der von Brechts

Drama vergleichbar sein: »Komische Kritik bei euch, wo so ein Buch von Oskar Maria Graf, ›Wir sind Gefangene‹, als links bezeichnet wird. Ein schöner Revolutionsheld! Der geht mit seinem Liebchen Sekt saufen und läßt andere für sich kämpfen...«[1]

Man kann jedoch das Verhältnis zwischen beiden Dichtern nicht hinreichend charakterisieren, wenn man sich darauf beschränkt, Gemeinsamkeiten – die häufige Gestaltung der Mutter-Figur, die Vorliebe für das Genre der Kalendergeschichte oder ähnliches – herauszustellen. Entscheidend ist gerade, daß es sich bei Brecht und Graf um Schriftsteller handelt, die in wichtigen Positionen ihres Schaffens konträre Standpunkte einnehmen. Der Kernpunkt dabei ist das gänzlich verschiedene Herangehen an das literarische Erbe. Während Graf bewußt Erzähltraditionen des 19. Jahrhunderts weiterführt, fällt bei Brecht ein radikalerer Umgang mit dem Erbe ins Auge. Ihn interessiert in erster Linie der Materialwert des Erbes, um neue Möglichkeiten zu ergründen, die Epochenfragen zu gestalten. Nur von daher ist erklärlich, daß Brecht, um ein Beispiel zu geben, sich weit mehr für einen Neuerer der Epik unseres Jahrhunderts wie Alfred Döblin interessiert.

Wenngleich sich Brecht, Graf und andere in der Zeit der Weimarer Republik bereits des öfteren zu wesentlichen Ereignissen gemeinsam zu Wort gemeldet haben – so im »Neutralen Komitee zur Befreiung von Max Hoelz« (1928) –, erreicht ihre Zusammenarbeit im antifaschistischen Exil eine qualitativ neue Stufe. Besonders beeindruckt zeigt sich Brecht von Grafs entschiedener Zurückweisung der Anbiederungsversuche der Nazis.

Die Faschisten hatten 1933 »vergessen«, Grafs Werke auf die schwarze Liste der verbotenen Bücher zu setzen. Graf reagiert mit seinem bekannten Protestbrief »Verbrennt mich!«

Auf dieses »Ehrendokument deutscher Literatur«[2] bezieht sich das Brechtsche Gedicht »Die Bücherverbrennung«. Nachstehendes Gedicht entsteht im Juli 1938 und wird 1939 in Kopenhagen erstmals gedruckt. Es eröffnet das mit dem Vermerk »für den deutschen Freiheitssender« versehene V. Kapitel (»Deutsche Satiren«) der »Svendborger Gedichte«. Dies hier hervorzuheben, ist bedeutsam, da Graf, der das Gedicht zu seinem 50. Geburtstag 1944 von Brecht zugeschickt bekommt, annahm, es sei eigens zum Jubiläum geschrieben.

Die Bücherverbrennung:

(1) Als das Regime befahl, Bücher mit schädlichem Wissen
(2) Öffentlich zu verbrennen, und allenthalben
(3) Ochsen gezwungen wurden, Karren mit Büchern
(4) Zu den Scheiterhaufen zu ziehen, entdeckte
(5) Ein verjagter Dichter, einer der besten, die Liste der
(6) Verbrannten studierend, entsetzt, daß seine
(7) Bücher vergessen waren. Er eilte zum Schreibtisch
(8) Zornbeflügelt, und schrieb einen Brief an die Machthaber.
(9) Verbrennt mich! schrieb er mit fliegender Feder, verbrennt mich!
(10) Tut mir das nicht an! Laßt mich nicht übrig! Habe ich nicht
(11) Immer die Wahrheit berichtet in meinen Büchern? Und jetzt
(12) Werd ich von euch wie ein Lügner behandelt? Ich befehle euch:
(13) Verbrennt mich!³

Das Typoskript⁴ weist, vergleicht man es mit der Druckfassung, vier handschriftliche Änderungen auf. Durch sie wird die Zweitfassung wesentlich aussagekräftiger: So drückt die später eingefügte Apposition »einer der besten« (Dichter) in Zeile 5 verstärkend die hohe Achtung vor der mutigen Tat Grafs aus. Auch das Ersetzen der Worte »neidzerfressen« durch »zornbeflügelt« (Zeile 8), »mit zitternder Feder« durch »mit fliegender Feder« (Zeile 9) sowie »ich flehe euch an« durch das entschiedenere »ich befehle euch« (Zeile 12) führen zu einer Komprimierung der Aussage, indem verstärkt der Protestgestus des Grafschen Briefes aufgenommen wird.

Aus der Bemerkung, wonach Graf »einer der besten« Dichter sei, darf indes nicht geschlußfolgert werden, daß Brecht - im Gegensatz zu Feuchtwanger, den Gebrüdern Mann und Arnold Zweig etwa - die Romane und Erzählungen Grafs gründlich gelesen hat. (Brechts Aversion gegen dicke Romane - Krimis ausgenommen - ist bekannt.)

Bertolt Brecht und Oskar Maria Graf sind sich mehrmals im Exil begegnet, erstmals 1933 in Wien, dann vor allem in den sechs gemeinsam in den USA verbrachten Jahren (1941-1947). Beide gehören 1944 zu den Gründern des von Wieland Herzfelde geleiteten Aurora-Verlages.

In Brechts »Arbeitsjournal« findet sich eine kurze Notiz zu Graf aus dem Jahre 1943. Wir könnten diese Eintragung beiseite lassen, wenn nicht der Schluß des Zitats einen Leser, der Graf nicht kennt, zu Fehlschlüssen führen könnte: »graf, der kein wort englisch gelernt hat, ist etwas vereinsmeierisch, dick, hinterfotzig und glaubt an jahrzehntelange reaktionsperiode.«[5] Der Tatsache, daß Graf, für zwei Jahre Leiter des Schutzverbandes Deutsch-Amerikanischer Schriftsteller (SDAS), vielen Menschen ganz praktisch geholfen hat, indem er Visapapiere, Kleidung und anderes besorgt und einer beträchtlichen Anzahl Emigranten mit seinen Reden Mut für den Kampf gegen den Hitlerfaschismus gemacht hat, wird Brechts flüchtiges Notat nicht gerecht.

Der Rechtsruck in der Innen- und Außenpolitik der Vereinigten Staaten nach Roosevelts Tod, der dazu geführt hat, daß sich der parteilose Kommunist Brecht 1947 vor dem »Ausschuß für unamerikanische Tätigkeit« verantworten muß, wirkt auf Graf schockierend. Während Brecht einen Tag nach dem Verhör die USA verläßt, entschließt sich Graf, in New York zu bleiben. Das hat für den noch immer staatenlosen Dichter zur Konsequenz, daß er für Jahre zurückgezogener leben muß.

Nachrichten vom Tod seiner Freunde und Kollegen haben den von seinem Sprachraum getrennten Schriftsteller stets besonders hart getroffen. Am 26. August 1956 schreibt er: »Sehr erschüttert hat mich übrigens Bert Brechts plötzlicher Tod. ... ich sah ihn in New York oft, aber ich konnte doch mit ihm nicht sehr viel menschlich anfangen. Er schien mir nicht heiter und weltoffen zu sein, überhaupt nicht menschenwarm. Als Dichter aber ist er sicher der größte unserer Generation. Seine Verse und Lieder (wenigstens viele davon) und seine Stücke werden bleiben, denn sie sind 20. Jahrhundert.«[6]

In den letzten Monaten seines Lebens, bereits schwerkrank und ans Bett gefesselt, hat sich Graf damit beschäftigt, eine Anthologie mit Gedichten zusammenzustellen, die für seinen Werdegang wesentlich gewesen sind. Der Herausgeber dieser Sammlung, die vorwiegend Texte des 19. Jahrhunderts vorstellt, hält nur wenige Poeten seiner Zeit für berufen, das 20. Jahrhundert zu repräsentieren. Neben Nelly Sachs ist es vor allem Brecht, namentlich das Gedicht »An die Nachgeborenen«, mit dessen Aussage sich Graf völlig identifiziert.[7]

Anmerkungen

[1] Smoking braucht man nicht – Moskauer Skizzen 1918-1932. Berlin 1975, S.146.
[2] Weiskopf, Franz Carl, Werke. Berlin 1960. Bd. VIII, S. 153.
[3] Brecht, Bertold, Gedichte. Berlin / Weimar 1978, Bd. IV, S. 103.

[4] Bertolt-Brecht-Archiv, Berlin, Nr. 346/106.
[5] Brecht, Bertolt, Arbeitsjournal 1938-1955. Hrsg.: Werner Hecht. Berlin/Weimar 1977. S. 223.
[6] Graf, Oskar Maria, Brief an Gustav und Else Fischer vom 26. 8. 1956. In: Oskar Maria Graf in seinen Briefen, Hrsg. von Gerhard Bauer und Helmut F. Pfanner, München 1984, S. 270.
[7] Vgl. Recknagel, Rolf, Ein Bayer in Amerika. Berlin 1974. S. 372.

Bündnis mit Widersprüchen
– Johannes R. Becher und Oskar Maria Graf –

Was hat Graf mit Becher zu tun? Ist das Thema nicht abwegig? Ein Blick in Bechers Bibliothek scheint den Zweiflern recht zugeben. Man findet dort lediglich die Graf-Titel »Mitmenschen« und »Unruhe um einen Friedfertigen«, die beide keinerlei Gebrauchsspuren aufweisen. Auch der Band »Erinnerungen an Johannes R. Becher« (1968) kommt ohne Graf als Autor aus, wenngleich wir heute über Dokumente verfügen, die dieses Reclam-Büchlein bereichern könnten. Die Materialfülle, die eine fruchtbare Beziehung dokumentiert, ist beträchtlich. Durch die sehr disparaten Dokumente: Briefe, offizielle Äußerungen, belletristische Darstellungen (zum Teil von dritten Personen) – sind die Schwierigkeiten der Darbietung nicht gering. Der Briefwechsel zwischen beiden aus der Zeit nach 1945 bleibt hier außerhalb der Betrachtung, obgleich aus ihm zweierlei hervorgeht: erstens hat sich Becher mehrfach persönlich dafür eingesetzt, daß Grafs Werke im Aufbau-Verlag publiziert wurden.[1] Zweitens gab es einen Streit über Rilke, den beide verehrten. Graf glaubte, beeinflußt von ihm zugänglichen Medien, an eine Rilke-Verfemung in der DDR.[2] Als Gegenbeweis zu dieser Behauptung schickte ihm der erboste Becher das »Tagebuch 1950«, das Rilke-Sonett und Arbeiten anderer DDR-Autoren über Rainer Maria Rilke zu.

Im Zeitraum bis Mitte der dreißiger Jahre ist das Verhältnis zwischen den beiden in Bayern geborenen Schriftstellern belangvoll, da an diesem Beispiel manches über Gemeinsamkeiten und Differenzen der im Bund proletarisch-revolutionärer Schriftsteller organisierten Autoren und ihrer potentiellen Bündnispartner ablesbar ist. Der um drei Jahre jüngere, aus ländlich-plebejischen Verhältnissen stammende Graf schildert rückschauend seine erste Begegnung mit Becher aus dem Jahre 1911 so: »Ich war damals siebzehn und eben von zu Hause fortgelaufen. Er war nicht viel älter, aber schon eine berühmte Hoffnung expressionistischer Dichtkunst. Er schrieb wilde Verse, die sich aus ekstatischen Wortfetzen zusammensetzten, und wurde auf fabelhaftem Papier gedruckt. Er führte ein genialisches Leben, war lange Zeit Morphinist und Kokainschnupfer, zeitweise Liebhaber von exzentrischen Huren, schoß schließlich eine Geliebte nieder und jagte sich die letzten Kugeln in den Leib, kam vor

Gericht und ins Irrenhaus, heiratete öfter und trat in den damaligen Münchner Künstlerkabaretts mit Hardekopf, Emmi Hennings, Hugo Ball und Marietta wüst auf – ich stand in jener Zeit fast andächtig vor den Eingängen dieser Lokale und sah staunend zum ›Genie‹ auf. Ich schlich mich heim in mein kaltes Zimmer und empfand alle Schauer einer erwünschten Zukunft.«[3]

Auch wenn dieser Ausschnitt aus der nachgelassenen »Reise nach Sowjetrußland 1934«, an der Graf in den dreißiger und noch einmal in den fünfziger Jahren arbeitete, nicht explizit davon spricht, spürt der Leser, daß Grafs Weg in die Literatur wesentlich steiniger war. Im Gegensatz zu Becher hat Graf viele Jahre als Prolet gelebt – er arbeitete unter anderem als Mühlenarbeiter und Bäcker –, wovon er in seiner Autobiographie »Wir sind Gefangene« (1927) eindrucksvoll Zeugnis ablegt.

Über den Becher der endzwanziger Jahre lesen wir: »Hans war der Kommunistischen Partei beigetreten, hatte auf seine hohen Verlagszuschüsse und beträchtlichen Stipendien reicher Gönner verzichtet, wieder geheiratet und war auf einmal trocken, ordentlich, fast brav. Er leitete die Literaturzeitschrift ›Linkskurve‹ der Partei, hatte ein Buch gegen den Giftgaskrieg, ›Levisite‹, verfaßt und stand im Nimbus einer gefährlichen Hochverratsanklage. Er kam frei, das Buch wurde eingestampft auf Veranlassung der Reichswehr. Er schrieb jetzt verständlicher, aber keineswegs bessere Verse. Wir wechselten Briefe, ich hielt mit meiner Meinung nicht zurück, er antwortete unbeleidigt ...«[4] Trotz aller Sympathie für die proletarisch-revolutionäre Bewegung in der Weimarer Republik zeigt sich Graf von dieser jähen Wandlung Bechers überrascht. Der Prozeß des Anderswerdens bei Becher war natürlich viel langwieriger und komplizierter, als dies Graf in diesem Porträt zu zeigen vermag. Das Überraschtsein erklärt sich auch dadurch, daß sich beide Dichter, seit Becher in Berlin wohnte, nur selten sahen. Wesentlicher scheint mir noch, daß es in Grafs politischer und künstlerischer Entwicklung solche radikalen Wendungen nicht gab.

Oskar Maria Graf unterhielt Ende der zwanziger Jahre engen Kontakt zum Bund proletarisch-revolutionärer Schriftsteller. Er besuchte Veranstaltungen des Bundes und las aus eigenen Werken. Zweifellos hatte die Scheu vor dem letzten Schritt, dem Eintritt in den Bund, bei Graf zur Folge, daß er theoretisch-politische Debatten nur sporadisch zur Kenntnis nahm. Andererseits kann nicht übersehen werden, daß Graf sein Werk vergleichsweise kontinuierlich entwickelt. Von linksradikalen Überspitzungen, etwa von der Forderung nach einem Bruch mit literarischen Traditionen, zeigt sich Grafs Werk weniger beeinflußt. Im Gegenteil.

Der Autor des Bekenntnisbuches »Wir sind Gefangene« wurde in linken Publikationsorganen als Bündnispartner der Arbeiter, ja sogar als potentieller Genosse bezeichnet. In der »Roten Fahne« vom 5. Juli 1928 kann man eine Rezension finden, die einen Meinungsstreit auslöste, an dem sich auch sowjetische Arbeiter sowie Graf selbst beteiligten. Der Verfasser, F. G., läßt seine Besprechung mit Vermutungen über Grafs weiteren Entwicklungsweg ausklingen. Zwar habe er sich noch nicht eingereiht in die Front der Klasse, »aber sein Hirn und sein Herz werden einmal den Weg zeigen, wenn aus dem Anarchisten der Kommunist gehämmert wird. Wenn der ›Gefangene‹ durch Selbstzucht und Disziplin frei werden wird, frei von seinem ›Ich‹, frei zur Klasse. Das weiß Graf, das wissen auch wir, und sein wunderbares starkes und echtes Buch ist ein Versprechen darauf.«[5]

Nicht alle Erwartungen des Rezensenten erfüllten sich, und dennoch war Grafs weltanschaulich-politische Position in Grundfragen eindeutig. In wesentlichen Situationen, bei denen die Polarisierung der Klassenkräfte Ende der zwanziger, Anfang der dreißiger Jahre besonders spürbar wurde, war Oskar Maria Grafs Stimme zu hören – im Kampf gegen die Fürstenabfindung (1926) und den Panzerkreuzerbau (1927), im Komitee zur Freilassung von Max Hoelz (freigekämpft 1928) oder bei der Unterstützung der Programmerklärung der KPD »Zur nationalen und sozialen Befreiung des deutschen Volkes« in Vorbereitung der Reichstagswahlen vom Herbst 1930. Auch als »Die Linkskurve« 1930 in einer repräsentativen Umfrage progressive Geistesschaffende befragte, wie sie sich im Falle einer Gegenwehr des deutschen Proletariats bei einem faschistischen Putsch verhalten würden, bezog Graf eindeutige Position. »Im Falle eines faschistischen Putsches gibt es für mich keine andere Entscheidung als die: auf Seite der sich dagegen wehrenden Arbeitermassen zu stehen.«[6]

Den originellsten Beitrag zum Thema Graf, Becher und der Bund hat zweifelsfrei Hedda Zinner mit dem 39. Kapitel ihres autobiographischen Entwicklungsromans »Fini« (1973) geliefert. In dieser Episode aus den Gründerjahren des Bundes beschreibt sie, wie man eigens einen besseren Raum besorgt, da diesmal der »bekannte bürgerliche« Autor Hugo Maria Fürst liest. Becher begrüßte den Gast als eine markante Erscheinung der Gegenwartsliteratur, mit der es sich lohne, sich zusammenzuraufen.[7] Auch wenn die ironisch zugespitzte Schilderung der Lesung beeindruckt, muß angemerkt werden, daß man Graf unzureichend charakterisiert, wenn man ihn einen bürgerlichen Erfolgsautor nennt.

Hedda Zinner erzählt im weiteren anschaulich und ehrlich, wie ihre Heldin und andere Gäste zusehends von der ursprünglichen Sprache sowie der Art des Vortrags beeindruckt werden. Obgleich Fürst eine Geschichte über den Dreißigjährigen Krieg auswählte, geht die Bewunderung bei der Ich-Erzählerin bis zu dem Gedanken: »So müßte man schreiben können!«[8] Fini muß erleben, wie man den »literarischen Könner«, der gern und freiwillig gekommen war, linksradikal abqualifizierte. Der Kollege hätte sich ins Mittelalter verkrümelt, solche Machwerke seien vom klassenbewußten Proletariat abzulehnen, die Religion spiele in der vorgetragenen Geschichte die Hauptrolle, der Autor zeige keinen Ausweg ... Lediglich ein alter Arbeiterkorrespondent wagt anzumerken, daß er die Leistung des Schriftstellers bewunderungswürdig finde und von der Menschengestaltung tief ergriffen sei.

Interessant ist, daß Becher in der Romanepisode zweimal in die Debatte eingreift, zuerst offiziell, danach undiplomatisch direkt: »Er sprach leise, oft nach Worten suchend, vermied Allgemeinplätze, und seine Argumente überzeugten Fini. Er grenzte sich gegen das ultralinke Thesengedresch deutlich, wenn auch behutsam ab...

Er griff deshalb ähnliche Äußerungen aus anderen Diskussionsbeiträgen auf, widerlegte sie humorvoll, aber mit einem Humor, der traf. Etwas weiter ging er auf die Einheitsfrontaktion der Partei ein und warnte davor, ›eine rote Sekte‹ werden zu wollen. Am Schluß wandte er sich höflich – und man merkte ihm an, daß es ihm nicht leichtfiel – an seinen Kollegen Hugo Maria Fürst, nachdem er sich wegen ›einiger allzu kämpferischer Beiträge‹ entschuldigte, die andererseits bewiesen, daß die Erzählung zur Diskussion herausfordere. ›Ich danke Ihnen nochmals und kann nur hoffen, daß Sie etwas von unserer Veranstaltung gehabt haben.‹

›Dös scho, nur...‹ Fürst zuckte die breiten Schultern und fügte verlegen lächelnd hinzu: ›I hab halt glaubt, i hätt was Revolutionäres g'schrieben, etwas für die armen, geschundenen Leut gegen die Großkopfeten ...‹«[9]

Nach Schluß der Veranstaltung geht Becher mit geschwollener Stirnader auf die eifrigste Diskutantin zu. »Den hast du mit deinem amusischen Revoluzzertum für immer von uns gejagt!«[10]

Offenbar behielt Becher mit seiner Befürchtung nicht recht. Die ersten Exiljahre zeigen im Gegenteil, daß es zwischen beiden Dichtern in der

Zusammenarbeit zu einer neuen Qualität kam, wenngleich wohl bereits 1934 auf dem Moskauer Schriftstellertreffen die letzte persönliche Begegnung stattfand. Ein anschauliches Bild von der Tätigkeit Grafs in Wien, der ersten Exilstation, vermittelt Johannes R. Becher. »Mit Oskar Maria Graf hatte ich verschiedene längere Aussprachen, und wir verabredeten, daß er versuchen solle, um sich herum einen Kreis von Schriftstellern zu bilden, einerseits um die Mitarbeiter an den ›Neuen Deutschen Blättern‹ zu organisieren, andererseits um mit ihnen einen Kern zu bilden, der auch in Österreich antifaschistische Kräfte in der Literatur sammeln solle ... Auf Grund dieser Verhältnisse (gemeint sind objektiv günstige Bedingungen für die Arbeit – U.K.) hielt ich die Konzeption der Sammlung von Schriftstellern um Oskar Maria Graf als zentrale Figur für das augenblicklich einzig Mögliche, besonders da Oskar Maria Graf bekannt ist und gerade bei den Schriftstellern, die der SPÖ angehören, ziemliches Ansehen genießt.«[11]

Auf der Rückreise in die Sowjetunion traf er Graf erneut. »In Wien zeigte sich die Intensivierung der Arbeit ganz deutlich. Oskar Maria Graf war in einer begeisterten Arbeitsstimmung, und es war ihm bereits gelungen, eine kleine Gruppe von Schriftstellern mit sich in Verbindung zu bringen. Dadurch macht sich auch eine gewisse Aktivierung unserer eigenen Schriftsteller wieder bemerkbar ...«[12]

Hingegen wäre es eine einseitige Betrachtungsweise, wollte man die Beziehung zwischen Becher und Graf in den dreißiger Jahren nur mit der Übereinstimmung in Grundfragen, in der gemeinsamen antifaschistischen Aktion fassen. Bei Becher kommt die Erkenntnis hinzu, daß Schriftsteller wie Graf in ihren Werken Stoffe und Themen aufgriffen, die er, und wohl auch die proletarische Literaturbewegung bisher unterschätzten. Am 22. März 1935 schrieb er an Dimitroff: »Es gibt Bücher von Oskar Maria Graf und Adam Scharrer, die schon deshalb bemerkenswert sind, weil sie versuchen, das Leben auf dem Dorf zu gestalten und meiner Ansicht nach auch gewisse neue Seiten dort entdecken, die unseren Politikern bisher entgangen sind. Ich kenne Auszüge aus einem neuen Roman von Oskar Maria Graf, der die Entwicklung eines Sozialdemokraten behandelt (gemeint ist der in der DDR niemals gedruckte Roman »Der Abgrund« [1936] – U.K.)...«[13]

In seinem Buch »Johannes R. Bechers Deutschland-Dichtung« hat Horst Haase herausgearbeitet, wie Becher in der zweiten Hälfte der dreißiger Jahre neu über den Begriff Heimatdichtung nachdachte und sich die Vernachlässigung des Heimatthemas in der eigenen Poesie bewußt machte.¹⁴ Becher schreibt: »Jede Dichtung ist Heimatdichtung. Aus diesem hohen und edlen Begriff haben Ausbeuter aller Zeiten, und ganz besonders die Faschisten, eine ekelhafte, marktschreierische Sache gemacht ... Andererseits haben Lokalpoeten ihre Heimat in einen Krähwinkel verwandelt, das Stumpfsinnige und Borniertes als Idyll und Lokalkolorit gefeiert und damit dieses Genre, als ‚Heimatdichtung‘ berüchtigt, dem allgemeinen Gespötte preisgegeben. Die Liebe, die glückliche und unglückliche Liebe zur Heimat, ist aber auch zum Ausgangspunkt und zum Inhalt der größten Weltdichtungen geworden.«¹⁵

Für unseren Zusammenhang von Interesse ist, daß Becher und Graf etwa gleichzeitig mit ihren Epochenromanen »Abschied« und »Das Leben meiner Mutter« – beide erschienen 1940 –, Werke schufen, die vom Anliegen bis hin zu vielen Details eine verblüffende Ähnlichkeit aufweisen. Durch die Schilderung präfaschistischer Exzesse 1914, bei denen man schuldlose Menschen buchstäblich zertrampelte, zeigte Graf in seinem »Mutter«-Roman die bittere Kontinuität deutscher Geschichte bis in die vierziger Jahre auf. Die Entwicklung Deutschlands von der Niederschlagung des chinesischen Boxeraufstandes zu Beginn des Jahrhunderts bis zur Niederlage im ersten Weltkrieg machte Graf als das Ende vorwegnehmende Duplizität der Geschichtsentwicklung sichtbar. Seine Bemühungen korrespondieren mit denen Bechers, der bereits 1931 forderte, daß eine künstlerische Analyse des vorhergegangenen Krieges dazu beitragen solle, einen künftigen zu vermeiden.¹⁶ (Selbstverständlich sollen hier grundsätzliche Unterschiede nicht nivelliert werden. Dem radikalen Abschiednehmen von der bürgerlichen Klasse, dem Ausbruch aus den Familienbindungen bei Becher, steht Grafs Anliegen entgegen, die Bindung an die Heimat, an die Mutter als etwas Erhaltenswertes der faschistischen Barbarei entgegenzustellen.)

Trotz mancher Meinungsverschiedenheit zwischen den beiden Dichtern bis in die fünfziger Jahre hinein¹⁷, trotz anderer sozialer Erfahrungen sowie grundverschiedener künstlerischer Entwicklungswege, gab es Berührungspunkte und Gemeinsamkeiten. Auch wenn das abschließende Briefzitat Grafs sich von dem wohlwollend formulierten Nachruf unterscheidet,¹⁸ bezeugt es eine langanhaltende Wirkung der Poesie Johannes R. Bechers. »Ach, und die Zeit, mein Gott, wann wird wahr werden, was der verstorbene Becher, von dem ich nur wenige Verse mag, so schön gedichtet hat

›Wenn einmal, Deutschland, deine Glocken
vereinen sich zu einem Hochgesang

und deine Fahnen flattern im Frohlocken,
die Lieder klingen im Zusammenklang‹ usf.

Kennt Ihr es, ich trage es sehr oft bei den verschiedensten Leuten (im New Yorker Freundeskreis des Dichters – U.K.) vor, und dann lasse ich sie raten, und wenn ich zuletzt sage, ›das hat ein durchaus kommunistischer Dichter‹ geschrieben, dann sehe ich bloss grosse Augen und offene Mäuler.«[19]

Anmerkungen

[1] Vgl. den im BecherArchiv (Berlin) aufbewahrten Briefwechsel, der insgesamt 19 Blätter umfaßt.
[2] Vgl. Graf, Rainer Maria Rilke und die Frauen. In: Graf, An manchen Tagen. Reden, Gedanken, Zeitbetrachtungen. Frankfurt a.M. 1961, S. 191-192.
[3] Graf, Reise nach Sowjetrußland 1934. Berlin 1977, S. 36-37.
[4] Ebenda, S. 37.
[5] F. G., Graf, »Wir sind Gefangene«. In: Die Rote Fahne. Berlin 1928, Jg. 11, Nr. 156.
[6] Zitiert nach: Aktionen, Bekenntnisse, Perspektiven. Berichte und Dokumente vom Kampf um die Freiheit des literarischen Schaffens in der Weimarer Republik. Berlin u. Weimar 1966, S. 295.
[7] Hedda Zinner, Fini. Berlin 1973, S. 380 ff. »Die Episode in meinem Roman ›Fini‹ habe ich selbst erlebt. Selbstverständlich überspitze ich manches, aber die Art, wie ein paar hundertfünfzigprozentige Genossen ihn behandelten, ist wahr. Becher mußte glätten und besänftigen, aber Graf war nicht beleidigt und nahm auch nichts übel. Er war nur erstaunt über Reaktionen, die er nicht begriff. Ich hatte den Eindruck, daß es ihm durchaus ernst war mit seiner Lesung, daß er seine Arbeit zur Diskussion stellte und an einer Zusammenarbeit echt interessiert war. Er schien mir kein Mensch zu sein, der sein Denken hinter einer Maske versteckt, eher hatte ich das Gefühl von einer naiven Offenheit. Seine Beziehungen zu den kommunistischen Schriftstellern verschlechterten sich nicht, wenigstens entnahm ich das Äußerungen von Becher.« Hedda Zinner, Brief vom 6. März 1978 an den Verfasser.
[8] Zinner, Fini. S. 384.
[9] Ebenda, S. 391-392.
[10] Ebenda, S. 392.
[11] Becher, Bericht meiner Reise vom 5. Juli bis 27. September 1933. In: Publizistik I, Werke, Bd. 15, Berlin 1977, S. 388-389.
[12] Ebenda, S. 398.
[13] Brief Bechers an Georgi Dimitroff vom 22.3.1935. In: Simone Barck, Bechers Publizistik in der Sowjetunion 1933-1945, Berlin 1976, S. 213.
[14] Horst Haase, Johannes R. Bechers Deutschland-Dichtung. Berlin 1964, S. 227 ff.

[15] Becher, Wachstum und Reife – Bemerkungen zur Dichtung der Wolgarepublik. In: Publizistik I. Werke, Bd. 15, Berlin 1977, S. 508.
[16] Vgl. Becher, Die Kriegsgefahr und die Aufgaben der revolutionären Schriftsteller. In: Publizistik I, Werke, Bd. 15, Berlin 1977, S. 261 – 262
[17] Das geht aus dem Briefwechsel, aber auch aus einem Interview hervor, das Ernst Stein am 24. 6. 1960 mit Oskar Maria Graf führte. Das Gesprächsprotokoll befindet sich im Becher-Archiv.
[18] »Wenn einmal die Zeit der Spreu der Dummheit und des blinden Fanatismus vom Weizen der Gerechtigkeit abgesondert haben wird, erfährt das Echte seiner Dichtung die verdiente Anerkennung aller und den dauernden Platz in der deutschen Literatur. Diejenigen, die wissen, was er war, werden ihn nicht vergessen.«
In: Sinn und Form, Zweites Sonderheft Johannes R. Becher, Berlin 1960, S. 564.
[19] Graf am 17. 4. 1963 an Traudel Melcher, Graf-Archiv, München.
Offenbar hat Graf das Gedicht »Wenn eines Tages ...«, das Becher an das Ende seiner »Deutschen Sonette« (1952) setzte, aus dem Gedächtnis zitiert. Richtig lautet die erste Strophe:
> Wenn eines Tages, Deutschland, deine Glocken
> vereinen sich zu einem Hochgesang
> Und deine Fahnen wehn wie ein Frohlocken,
> Die Lieder schwingen im Zusammenklang –

Vgl. Becher, Werke, Bd. 6, Berlin 1973, S. 283.

Ein Stegreiferzähler und seine Wirkung

Graf als Essayist

Es ist wenig bekannt, daß Oskar Maria Graf auch ein bedeutsames publizistisches Werk hinterließ. Der Titel der einzigen zu Lebzeiten des Autors erschienenen Sammlung von publizistischen Arbeiten hat etwas Beiläufiges: »An manchen Tagen«. Dieses Buch, für später und umfangreicher geplant, entstand durch einen »Zufall«. Deutschprofessoren der Universität Detroit ermunterten 1960 ihren neuen Ehrendoktor, der in einem Vortrag Erinnerungen an Rilke und Thomas Mann schilderte, seine Schriften zur Literatur und Kunst gesammelt vorzulegen.[1] Es ist kaum Koketterie, wenn Graf betont, kein »ordnungsliebender Schriftsteller (zu sein), der fertige Arbeiten sorgfältig und systematisch aufbewahrt«.[2]

Von den 31 Texten beanspruchen wohl namentlich die Arbeiten zu anderen Schriftstellern und zu übergreifenden Fragen der Literatur unser heutiges Interesse. Anderswo bereits gedruckte autobiographische Beiträge etwa über die Mutter oder seine »erste Begegnung mit Schiller«, die viel über seine Jugend und wenig über Schiller verrät, seien in den folgenden Betrachtungen ebenso ausgeklammert wie seine Schriften zu Fragen der Philosophie und der Psychoanalyse.

Die umfangreichsten Arbeiten des Bandes sind keineswegs zufällig folgenden Autoren gewidmet: Ludwig Thoma, Maxim Gorki, Rilke und Thomas Mann. Hinzu kommen kleinere Beiträge über Valentin, Hesse, Nexö, Dreiser und Tolstoj, über den Graf ein ganzes Buch zu schreiben vorhatte. Für das Selbstverständnis Grafs sind jedoch auch die Abhandlung »Etwas über den Bayrischen Humor« und die nicht gehaltene Rede zu seinem 60. Geburtstag von Belang, in der Graf über die Schwierigkeiten des Berühmtseins reflektiert und scheinbar beiläufig ein treffendes Ricarda-Huch-Porträt zeichnet. »Komischerweise« bekam »An manchen Tagen«, dieses »Nebenwerk«, wie Graf in einem Brief vom 23. 10. 1961 vermerkt, die »besten Kritiken« und hatte mehr Resonanz als der Autor erwartete.[3]

Keinem Leser von »An manchen Tagen« kann entgehen, daß Thomas Mann im Leben und Schaffen Grafs eine zentrale Rolle einnahm. Er ist der einzige Autor in der Sammlung, dem mehrere Beiträge gewidmet sind, die in dem Komplex »Um Thomas Mann« gebündelt werden. Es handelt sich um Glückwunschschreiben zum 70. und 80. Geburtstag, einen (offenbar für die Presse bestimmten) knappen Nekrolog, die New Yorker Totenrede sowie eine Besprechung der so unterschiedlichen Bücher, welche Erika und Monika Mann über ihren Vater publizierten.

Das Besondere, Genrespezifische der publizierten Arbeiten des Autors erfaßt man genauer, führt man sich die Entstehungsbedingungen vor Augen. »Es geht den Besten schlecht, hätte ich nicht ab und zu einen Vortrag, ich wüßte nicht, woher das Nötigste zum Leben nehmen.«[4] Dies teilte Graf in einem Brief – der in dem Auswahlband von 1984 übrigens fehlt – am 5. Juni 1939 seinem Freund Willi Bredel mit.

Finanzielle Not ist sicher ein, nicht wohl aber das wesentliche Motiv für die Vortragstätigkeit Grafs im Brünner und New Yorker Exil. Es ist hier nicht der Raum, umfassend darzustellen, mit welcher Intensität und Weitsicht Graf in der ČSR (namentlich als Redakteur der Neuen Deutschen Blätter) und in den USA als Vorsitzender des SDAS den antifaschistischen Kampf organisierte. (Der Briefband der Werkausgabe legt eindrucksvoll Zeugnis davon ab.) Vielen Deutschen sprach er Mut zu, vermittelte er neue Einsichten, vielen Amerikanern machte er in finstern Zeiten klar, daß es ein anderes Deutschland mit einer großen humanistischen Literatur gibt. Erwähnenswert ist auch, wie Graf in den Exilländern als Vermittler von russischer und sowjetischer Literatur auftrat und zudem viel über seine Eindrücke von diesem Land mitteilte.

Es ist bekannt, daß Graf jedoch nicht »nur« als Redner und Publizist in den Exiljahren wirkte, sondern sich für keine Kleinarbiet im antifaschistischen Alltagskampf zu schade war. Zu einer Zeit, da es sehr schwer wurde, deutschsprachige Romane und Erzählungen in den Exilverlagen drucken zu lassen und sich viele Autoren fragten, ob weitere Produktion sinnvoll erscheint, gewinnen operative Formen der Literatur (Manifeste, Offene Briefe, Reden) eine weit größere Bedeutung.

Was für Grafs Prosa und Lyrik charakteristisch ist, ist es auch für seine Publizistik: Er schreibt so, daß ihn jeder verstehen kann. Abstraktes Theoretisieren, Jonglieren mit Bildungsgut, Häufung von Fremdwörtern usw. sind ihm zuwider. Seine publizistischen Arbeiten leben wie seine sonstige Prosa von der Erinnerung, von unmittelbarer Anschauung, vom Anekdotischen und nicht zuletzt von seinem bayrischen Humor. Diese Einfachheit ist sicher auch der Grund, weshalb Graf als Vortragender stets beim Publikum ankam. Dies war dann später in den USA insofern wichtig, als er oftmals seine mitunter im Selbstverlag erschienenen Prosa-Bücher den Zuhörern anschließend zum Verkauf anbot. Ein solches Faktum verdeutlicht das Zusammengehören der Haupt- und Nebenproduktionen des Autors.

Der Band »Beschreibung eines Volksschriftstellers«[5], den Wolfgang Dietz und Helmut F. Pfanner 1974 aus Anlaß des 80. Geburtstages Grafs veröffentlichten, stellt neben die »Stichproben der Literaturwissenschaft« die Publizistik des Autors. Die Herausgeber vermieden es weitgehend, Texte wieder abzudrucken, die es in der zu Lebzeiten Grafs erschienen Sammlung bereits zu lesen gab. Einerseits ging es um die Bereitstellung neuer Graf-Texte für den »Spezialisten«, zum anderen darum, den Autor ins kulturhistorische Bewußtsein zu integrieren, indem man ihn diesmal nicht als Erzähler, Lyriker oder Aphoristiker, sondern als Publizisten vorstellte.

Beachtung verdient vor allem der Komplex »Beschreibung des Exils«, da gerade diese Zeitspanne in »An manchen Tagen« unterrepräsentiert ist. Bei den genannten publizistischen Arbeiten aus jener Zeit handelt es sich vor allem um Reden zu politischen und literarischen Fragen. Egal, ob Graf vor Juden in Amerika, vor Flüchtlingen in der ČSR oder Deutschamerikanern in New York sprach, stets verstand er es, sich auf den Zuhörerkreis einzustellen, mit Beispielen zu arbeiten, ergreifende Einzelschicksale des antifaschistischen Kampfes zu schildern und eigene Erfahrungen einzubringen.

Für den heutigen Leser stehen längst bekannte (damals jedoch wesentliche) Erkenntnisse neben neuen Fakten zu den literarischen Verhältnissen des Exils. So betont Graf einerseits immer wieder den Unterschied zwischen dem deutschen Volk und dem Hitlerregime und bekennt sich ausdrücklich zur kämpfenden politischen Emigration, auch wenn er später davon spricht, daß das Emigrantendasein erst nach dem 2. Weltkrieg wirklich begonnen habe.

Andererseits – und hier sehe ich etwa den Wert dieser Texte für uns heute – erfahren wir etwa aus dem Beitrag »Es ist Zeit – Gedanken zum 10. Mai 1933« beachtenswerte literatursoziologische Fakten: »Die ›deutsche Literatur‹ geht dort (in den amerikanischen public libraries im Osten und Mittelwesten der USA – U. K.) meistenteils – mit wenigen Ausnahmen – von der Klassik bis zu den Naturalisten und vielleicht noch Thomas Mann. Und sie beginnt erst wieder bei den Erzeugnissen belletristischer Art aus dem III. Reich. Ein durchaus freiheitlicher Bibliothekar, den ich wegen der allzu reichlichen Naziliteratur zur Rede stellte, zuckte bedauernd die Achseln und meinte: ›Was wollen Sie? Für die Republik haben wir Deutschamerikaner kaum existiert.

Hitler schickt von jedem erschienenen Buch zwei Exemplare gratis!‹«[6]
In der Rede »Zum Kultur-Erbe«, welche Graf vor amerikanischen Schriftstellerkollegen vermutlich Ende der dreißiger, Anfang der vierziger Jahre hielt, formuliert er als eine Hauptaufgabe für den deutschen Autor, das humanistische Erbe »zu einem wirksamen Kampfinstrument gegen den Faschismus« zu machen. Lange Zeit habe die progressive deutsche Literatur die »Kraft und Wirksamkeit dieser Erbschaft«[7] nicht erkannt. »Gerade die proletarische, junge revolutionäre Literatur machte damit ihren größten Fehler. Erst die große Aussprache auf dem Unionskongreß der Sowjetschriftsteller in Moskau im Jahre 1934 ... schuf hier eine grundsätzliche Wandlung.«[8]

Es spricht sehr für Grafs solidarische Haltung zur revolutionären Literatur der zwanziger Jahre, wenn er im Nachhinein nicht als einer auftritt, der schon damals alles besser wußte. Auch wenn es bei ihm eine Verachtung der literarischen Tradition niemals gab, fühlt er sich als Teil einer Bewegung, die ihre Leistungen und Begrenzungen aufwies.

Von den bis dahin ungedruckten Texten spricht vor allem die »Einführungsrede zum Brügel-Abend« (1937) an. Sie bringt mit Fritz Brügel einen Lyriker nahe, der in keinem Nachschlagewerk der DDR zu finden war und der bei Brecht nur beiläufig in lyriktheoretischen Erörterungen erwähnt wird.[9]

Grafs Publizistik ist in einem eigenen Band in der DDR niemals vorgelegt worden. Die in der Bundesrepublik erschienenen Bände »An manchen Tagen« und »Beschreibung eines Volksschriftstellers« leisten auf dem Weg zu einer repräsentativen Essaysammlung Beträchtliches, lassen jedoch auch Lücken erkennen. So verdienen kleinere, noch in keiner Graf-Essay-Sammlung gedruckte Arbeiten über sozialistische, zeitgenössische Autoren Beachtung. Zu denken wäre da an ein Vorwort zu Erich Weinerts »Erziehung vor Stalingrad – Fronttagebuch eines Deutschen« (1943)[10], eine in Briefform abgefaßte Würdigung Egon Erwin Kischs zu dessen 50. Geburtstag (1935)[11], eine Rede aus Anlaß des Besuchs von Tretjakow in Brno (1935)[12] und ein Geburtstagsschreiben zum Seghers-Jubiläum 1960[13]. Gerade auch weil Grafs letztes Buch, »Gelächter von außen«, das passagenweise aus bereits vorher gedruckten Dichter- und Künstlerporträts montiert wurde, und in der DDR unbekannt war, hätten sein Versuch über Toller (1939)[14], der sich positiv von der einseitig-abwertenden Skizze vom »zerstörten Schiller« abhebt, sowie Texte über Traven (1948)[15], Feuchtwanger (1954)[16] und Arnold Zweig (1962) erneute Beachtung verdient. Über Grafs frühe Lektüre des »Grischa«-Romans erfahren wir: »... beim Lesen dieses unvergänglichen Werkes merkte ich (und das nicht ohne Neid und Bitterkeit), was mir noch alles fehlte an schriftstellerischer Zucht und epischer Kraft. Es war gleichsam, als hätte ich einen sehr eindringlich mahnenden Denkzettel erhalten, nicht vorschnell und leichtsinnig die eigene Leistung zu überschätzen.«[17]

Neben diesen kleinen Studien, in denen es Graf mit wenigen Strichen gelingt, ein Porträt zu zeichnen und dabei den eigenen Bezug zum jeweiligen Autor herzustellen, würden wohl auch die in den USA entstandenen Beiträge »Die Kampfleistung der deutschen antifaschistischen Literatur« (1943) sowie die »Rußlandrede in Philadelphia« (1942)[18] heutige Leser erreichen.

Anmerkungen

[1] Graf, O.M., An manchen Tagen. Frankfurt a.M. 1961, S. 7.
[2] Ebenda, S. 9.
[3] Graf, O.M., Brief vom 23. 10. 1961 an Ernst Waldinger. In: Graf in seinen Briefen, München 1984, S. 303.
[4] Graf, O.M., Brief vom 5. 6. 1939 an Willi Bredel. Bredel-Archiv, Berlin.
[5] Graf, O.M., Beschreibung eines Volksschriftstellers. Hrsg. von Wolfgang Dietz und Helmut F. Pfanner, München 1974.
[6] Ebenda, S. 70.
[7] Ebenda, S. 118.
[8] Ebenda, S. 119.
[9] Bertolt Brecht nennt Brügel einen »weit über den Durchschnitt begabten Lyriker«, stellt dann jedoch fest, daß in seinem »Flüsterlied« (1936) logische Gesetze verletzt seien. Vgl. Brecht: Logik der Lyrik. Zur Literatur und Kunst, Bd. II, Berlin und Weimar 1966, S. 150-154.
[10] Vgl. Recknagel, R., Ein Bayer in Amerika, Berlin 1974, S. 415.
[11] Vgl. Graf in seinen Briefen. A.a.O., S. 90/91.
[12] Graf, O.M., Über Sergej Tretjakow. Graf-Nachlaß, München.
[13] Seghers, A., Briefe ihrer Freunde. Berlin 1960, S. 47/48. Vgl. den Anhang des vorliegenden Buches.
[14] Graf, O.M., Gedenkrede auf Ernst Toller. In: Sinn und Form, Berlin (DDR) 4/1969, S. 897-900.
[15] Vgl. Recknagel, R., Bayer. A.a.O., S. 415.
[16] Graf, O.M., Kleiner Dank an Lion Feuchtwanger. In: Der Greifenalmanach, Rudolstadt 1954, S. 42.
[17] Graf, O.M., Der »Denkzettel«. In: Arnold Zweig, Ein Almanach, Berlin (DDR) 1962, S.68/69. Vgl. den Anhang des vorliegenden Buches.
[18] Abgedruckt in: Graf, O.M., Reise nach Sowjetrußland 1934. Berlin 1977, S. 181-194.

Der Geschichtenerzähler Graf

Als gegen Ende des Jahres 1927 Oskar Maria Grafs autobiographisches Bekenntnisbuch »Wir sind Gefangene« erschien, werteten weite Teile der literarischen Öffentlichkeit diese schonungslose Gesellschaftskritik als ein künstlerisches Ereignis von Rang. Bedeutende Schriftsteller – Heinrich und Thomas Mann, Hugo von Hofmannsthal, Lion Feuchtwanger und Arnold Zweig, Romain Rolland und Maxim Gorki – feierten die Grafsche Selbstdarstellung als Buch des Tages. Obwohl seit 1918 mit nicht wenigen Werken hervorgetreten, wurde Graf erst jetzt zu einem weit über Bayerns Grenzen hinaus bekannten Autor. In renommierten Literaturkreisen schlug man ihn, der sonst als »Provinzschriftsteller« und »Bürgerschreck« abgewertet wurde, als Mitglied für den PEN-Club vor.

Als sich Graf wenig später als Verfasser von Kurzprosatexten vorstellte, wurde sein Name so populär, daß der Autor des »Bayrischen Dekamerons« sogar in einem Lexikon der Erotik auftauchte. Die im Jahre 1929 erschienenen »Kalendergeschichten« führten Graf dann endgültig in die Reihe der namhaften Schriftsteller der Weimarer Republik. Die Kritik bescheinigte ihm, auf dem Gebiet der kleineren epischen Form bleibende Werke vorgelegt zu haben. Lion Feuchtwanger, ein Bewunderer Grafs, ebenfalls aus Bayern stammend, urteilte Jahre später: »Wenn endlich einmal die klassische Anthologie deutscher Kurzgeschichten zustandekommen wird, dürfen diese Kalendergeschichten nicht vergessen werden. Mehrere unter ihnen gehören zum Besten, was die Gattung überhaupt hervorgebracht hat.«[1] Und im Grußschreiben zu Grafs sechzigstem Geburtstag heißt es bei Feuchtwanger noch emphatischer: »Was mir an seinem Werk am meisten bedeutet, das ist der erfreulich dicke Band ›Kalendergeschichten‹. Wenn ich vor das Gestell gerate, welches dieses Buch enthält, kann ich selten der Versuchung widerstehen, es herauszunehmen und die eine oder andere dieser Geschichten wieder zu lesen. Und immer freue ich mich, wie sie strotzen von Saft und Leben. Diese ›Kalendergeschichten‹ sind im besten Sinne volkstümlich, ein Lesebuch für den Professor wie für die Köchin.«[2]

Die Sitte der oberbayrischen Bauern, Erlebnisse von Generation zu Generation mündlich weiterzugeben, als eine am Leben erhaltene Form der alten Stegreiferzählung, machte Graf für sich auf eigenständige Weise produktiv. Er entwickelte sie über das traditionelle Maß der bayrischen und österreichischen Volkserzähler weiter und verband sie mit der volkstümlichen Tradition der alten Bauernkalender, die dem Autor schon in der Kindheit erste Vorstellungen von Literatur vermittelt hatten. War das Lesen anfangs Flucht vor dem harten Alltag, so wurde es für den Bäckersohn Oskar Maria Graf mehr und mehr zu einer Hilfe, das praktische Leben zu bewältigen. Sein Wissensdrang war groß. Zu den bevorzugten Autoren gehörten die Realisten des 19. Jahrhunderts.

In späteren Äußerungen sah der Autor seine Geburtsstunde als Dichter dort, wo er bei dem Versuch, die Geschwister für die schöne Literatur zu begeistern, selbst ins Fabulieren kam. Allerdings entsprechen seine frühen Schnurren, Witze und Gedichte, die er bereits vor 1918 in Zeitungen und Zeitschriften veröffentlichte, kaum den eigenen Vorstellungen von einem Volksschriftsteller. In »Wir sind Gefangene« gibt Graf auf lakonische Weise einen Dialog mit einem Verleger wieder, der diesen Zwiespalt der jungen Dichterpersönlichkeit hervorhebt: »›Ja, ich will ja eigentlich bloß Unterhaltungsschriftsteller werden‹, sagte ich in Ermangelung einer besseren Widerlegung und teilweise aus reiner Wut ... ›Ja, zu was schreiben sie denn dann Gedichte?‹ fragte der Mann. ›Das – das sind nur Übungen‹, erwiderte ich wie vorhin, ›das andere kann ich eben noch nicht!‹«[3] Diese etwa in das Jahr 1918 zu datierende Episode zielt in ihrem Kern auf eine echte Volkstümlichkeit und distanziert sich von reaktionärer Volkstümelei der seit dem Ende des 19. Jahrhunderts als Massenware produzierten Heimatliteratur. Bevor Graf seine Methode entwickelte, probierte er verschiedene Gattungen und Genres, gestaltete unterschiedliche Themen mit unterschiedlichen Stoffen. So schrieb er in jenen Anfangsjahren Romane, Erzählungen, Indianergeschichten, Märchen, Künstlerbiographien, autobiographische Darstellungen und Gedichte. Diese von Beginn an vorhandene Heterogenität seines Schaffens wurde in späteren Jahren vor allem im Kurzprosaschaffen auf produktive Weise fortgeführt. Grafs Art der epischen Darstellung fand ihre Möglichkeiten im alten Typ des Erzählers, der berichtend zu Erlebtem oder Gehörtem Stellung bezog. In einer Selbstaussage aus dem Jahre 1928 äußert er sich zu den Quellen solchen Erzählens, wobei man die »Voraussetzungslosigkeit des Sansculottisch-Originalen«[4] (Thomas Mann) niemals zu wörtlich nehmen darf. Dort heißt es: »Mit der Literatur hab' ich es nicht ... Ich hab' aber außerdem auch einen Verkehr, bei dem's absolut nicht literarisch hergeht. Meine besten Freunde sind

Arbeiter und Bauern, ein Kunstmaler namens Schrimpf und etliche Wirte. Besonders gern habe ich noch Jäger und Geschäftsreisende. Die nämlich können am besten erzählen ... Ich muß, wenn ich's so sagen darf, meine ›Opfer‹ vor mir haben, ganz greifbar nahe. Ich muß mit ihnen reden, beisammenhocken, trinken, streiten, lustig und traurig sein wie sie ... wenn dann so einer zu reden anfängt, weiß ich, wie ich schreiben soll.«[5]

Diese volkstümliche Art des Erzählens schließt nicht nur die Wiedergabe der Volkssprache mit ein, sondern erfordert im Falle Grafs den bayrischen Dialekt. Aus diesem Grunde haben es seine Geschichten, vorwiegend die auf dem Lande angesiedelten, in denen der Dialekt dominiert, schwerer, von einem des Bayrischen nicht mächtigen Leser verstanden zu werden. Graf stellte sich in eine Tradition des deutschen Kalenderschrifttums, die über Jahrhunderte hinweg territorial gebunden war, auch wenn einige Kalender durch große Auflagenhöhen diese Grenzen zeitweilig überschritten. Er versuchte nicht von innen her, durch sprachliche Anpassung etwa, seine Erzählungen für den nichtbayrischen Leser aufzuschließen, was den Verlust der sozialen Psychologie der Helden zur Folge gehabt hätte, sondern fügte bei der Neuausgabe der Kalendergeschichten im Jahre 1957 einen »Kleinen bayrischen Dialektspiegel« bei, um dem Leser die Möglichkeit der »Einarbeitung« zu geben.

Den Begriff Kalendergeschichten wählte Graf für einen Teil seiner Kurzprosatexte mit wohldurchdachter Absicht. In den beiden Bänden von 1929 benutzte er ihn als erster außerhalb eines Kalenders. Andere Autoren – so Jahrzehnte später Brecht und Strittmatter – folgten dieser Möglichkeit, beim Leser eine bestimmte Erwartungshaltung zu suggerieren, die traditionell mit diesem alten Begriff verbunden ist.

Die Kalendergeschichte als eine Form volkstümlicher Kurzprosa, die für einen Kalender geschrieben wurde – der Begriff selbst kam erst in der Mitte des 19. Jahrhunderts auf –, reicht zurück bis ins 16. und 17. Jahrhundert, Grimmelshausen gilt als ihr erster Meister.

Graf aber orientiert auf die Kalendergeschichte des 19. Jahrhunderts, die in Form der Dorfgeschichte in Süddeutschland, in Österreich und in der Schweiz weite Verbreitung fand. Er stieß sich durch die unsentimentale Gestaltung seiner »Kalenderfiguren« von der Dorfgeschichte traditioneller Prägung ab, die die soziale Differenzierung durch die kritiklose Darstellung der überlieferten patriarchalischen Ordnung übertünchte. Bewußt knüpfte Graf an die Volkserzähler Jeremias Gotthelf und Ludwig Thoma an, wobei er sich von letzterem durch eine fast »brutale« Sachlichkeit und ein deutliches Herausarbeiten sozialer Konturen unterscheidet. Die Mehrheit der Grafschen Kurzprosatexte – sie machen etwa ein Drittel des epischen Gesamtwerks aus – basieren auf Kindheitserlebnissen des Autors oder sind echte Schnurren über sein oberbayrisches Landvolk, die Graf mündlich zugetragen wurden.

Angesiedelt sind diese Dorfgeschichten meist in der Zeit vor dem ersten Weltkrieg. Das proletarisch-politische Element, das in den Geschichten, die Großstadtprobleme behandeln, zu finden ist, fehlt in den »Erzählungen vom Lande« fast völlig. Die »Stadtgeschichten« sind im Grafschen Gesamtwerk in der Minderzahl, sie zeichnen sich jedoch für den heutigen Leser durch eine literarische Dichte aus, wie sie kaum bei einem anderen Autor dieser Zeit zu finden ist. Alle Texte haben eines gemeinsam: Die bayrische Mentalität steht im Mittelpunkt. Graf charakterisierte sie auf folgende Weise: »Weitschweifigkeit oder, besser, das langsame, leicht umständliche Heranpirschen an das Eigentliche einer Sache gehört zu unserer Natur. Alles Knappe, logisch scharf Umrissene ist uns zuwider.«[6] Besonders wurden die »Geschichten vom Lande« durch diese »Weitschweifigkeit« geprägt, mit der es Graf gelang, das soziale Raster der Figuren in seinem subjektiven Blickwinkel einzubeziehen. So erfährt der Leser in »Das Gelübde« mehr über den Häusler Stoker, als notwendig ist, um die unerhörte Begebenheit um den Scheintoten zu verstehen. Da Graf aber diese Einzelheiten in die Geschichte integriert, wirkt keiner dieser sozial-intendierten Hinweise aufgepfropft. Die von ihm dafür verwendeten Mittel sind mundartlich gefärbte, über den hochsprachlichen Wortschatz hinausreichende Wendungen und Epitheta von äußerster Konkretheit. Adjektive wie »arm« oder »reich« benutzt er selten, vielmehr gebrauchte Graf solche Dialektismen wie »schwergeldige Bauernsöhne«, eine »notige Gütlerstochter« oder »eine Geldige«. In der Geschichte »Das unrechte Geld« heißt es: »Gestern noch ein notiger Häusler, heute ohne einen Handstreich ein vermöglicher Bauer.«[7] Auf diese Weise wird nicht nur die Tradition des Stegreiferzählens fortgeführt und ein lokales Kolorit ohne Beschreibung eingefangen, sondern auch durch die vielfältigen Möglichkeiten sprachlicher Rhythmik Atmosphäre geschaffen, wie sie echter kaum wiedergegeben werden kann. Augenzeugen bestätigten wiederholt, daß die Vorträge Grafs und vor allem seine Lesungen aus eigenen Werken die Zuhörer mitunter zu Lachsalven veranlaßten. Humor gehört ebenso wie der Dialekt zur Grafschen Art des Erzählens, eines ist sogar ohne das andere nicht möglich. F. C. Weiskopf bemerkte einmal zu diesem Charakteristikum im literarischen

Schaffen Oskar Maria Grafs: »Er besitzt die in unserer Literatur leider so seltene Gabe eines poetischen Humors, der weder schmal noch sauer, sondern vollkommen frisch und natürlich wirkt.«[8] Auf die Frage, was es denn mit dieser besonderen Art des bayrischen Humors für eine Bewandtnis habe, antwortete Graf selbst folgendermaßen: »Bei uns hat man Humor. Das ist etwas Absichtsloses, ›Kamottes‹, Barockes, etwas mit vollem Behagen Ausschöpfendes, Unterhaltliches. Das zieht sich bis in unsere eigentümlich störrische Sprachart hinein, in unseren Dialekt. ›Dieser Dialekt‹ kann mitunter mannhaft zotig und unzweideutig anzüglich sein, eins dagegen fehlt ihm völlig: die ordinäre Zweideutigkeit. Wir haben keinen rechten Sinn dafür, daß etwas Natürliches anstößig sein soll.«[9]

Die Geschichte »Wer zuletzt lacht« ist für eine solche humorige Haltung bezeichnend, denn ausgesprochen »kamott« verläuft der nächtliche Heimweg des Kleinhäuslers Schneidecker mit dem Hastreiterknecht. Das Lamentieren über den für beide unglücklich verlaufenen Taubenkauf unterbricht der Erzähler auf humorvoll-derbe Weise und gewinnt dabei dieser »Nichtigkeit« eine neue »kamotte« Tatsache ab. Der Häusler »machte sein Hosentürl auf, tappte an den Straßenrand und brunzte. Sein Begleiter machte es ebenso ›... A-ah: ... Dös tuat guat‹, sagte der Kleinhäusler und schimpfte nebenbei über das dünne Bier vom Schindler.«[10] Der Erzählgestus spielt stets den humoristischen Effekt, wie im alten Bauernkalender üblich, voll aus, indem Graf bei der Konzeption der Geschichten nie die Wirkung auf sein Publikum außer acht ließ.

Die »eingeborene Pfiffigkeit« des bäuerlichen Menschen tritt auch deutlich hervor, wenn es sich um die katholische Religion handelt. Darüber, daß man in Bayern »noch immer unangekränkelt katholisch sei«, äußerte sich Graf in seiner Abhandlung »Etwas über den bayrischen Humor«: »Ein alter Bauer sitzt nach Feierabend auf der Bank vor seinem Haus und schaut sinnend vor sich hin. Er sinnt und sinnt, und die andern neben ihm denken auch stumm. Auf einmal schnauft der alte Bauer kräftig und sagt aus einer tiefen Betrachtung heraus: ›Hm, lacha tät i, wenn mir an falschen Glauben hättn!‹«[11] Vom Verhältnis des Bauern zu Religion und kirchlicher Institution, vertreten durch den Pfarrer, wird oft in den Geschichten erzählt. Das Beispiel »Vom Imsinger-Girgl selig« mag dabei für viele stehen. Während das »Katholischsein« der Bauern in den Geschichten, die auf dem Lande angesiedelt sind, meist auf sehr schelmische Weise wiedergegeben ist, wagt Graf bei seinen »Geschichten aus der Stadt« eine unmißverständliche Kritik am Klerikalismus. Hier wird das »Katholischsein« zu einem politischen Faktor. Das Schicksal der Ursula Peschl steht dafür. »Unser Herrgott wird wissen, wen er regieren lassen muß«,[12] ist die Maxime dieser gottesfürchtigen Frau. Ihr tragisches Ende aber verrät die antiklerikale Haltung des Erzählers.

Der soziale Gestus der Grafschen Prosa wird zu einem nicht geringen Teil durch die historischen Ereignisse der Jahre 1918/19 bestimmt: durch das Ende des ersten Weltkrieges, die Novemberrevolution, die Bayrische Räterepublik, deren Ausrufung und blutige Niederschlagung er als Augenzeuge in München erlebte und in »Wir sind Gefangene« auf unverwechselbare Art gestaltete. Einige der besten Geschichten Grafs – so »Zwischenakt«, »Ursula Peschl« und »Der Mittler« – gehen auf Erlebnisse dieser Zeit zurück.

Der Oberpostdirektor Wetterschlag in »Zwischenakt« und Ursula Peschl in der gleichnamigen Geschichte sind Figuren am Rande, die erst durch besondere Ereignisse ins politische Geschehen »hineinversetzt« werden. Die unpolitische »Schlosser-Peschlin«, die stets »auf Gott vertraut« hatte, gerät mit aller Gewalt in die Zeitereignisse, die sie in ihrem naiven Glauben völlig erschüttern, sogar vom »Heiligsten« ihres Lebens, ihrem »Herrgott«, abschwören lassen. »Sie rannte wie eine Furie über die Betten auf das große Kruzifix zu und riß es herunter. ›Du Sauhund! Schuft! Hurenhengst, verlogener Schwindler!‹ schrie sie ...«[13] Graf erfaßte mit dieser Geschichte das Wechselverhältnis von revolutionärem Ereignis und Einzelschicksal. Den veränderten Lebensweg der »Peschlin« gestaltete er so tragisch, wie es dem Ende der Räterepublik entsprach. Der Erzähler beschränkt sich auf die Mitteilung der Tatsachen, eine persönliche Stellungnahme fehlt, am Schluß heißt es nur resignierend: »Zum Gotterbarmen ist's.«[14]

Mit den wenigen Geschichten, die in dieser für Graf so entscheidenden Zeit angesiedelt sind, wurde er zum Chronisten der Räterepublik, auch wenn die wichtigen politischen Tatsachen nur am Rande Erwähnung finden.

Der für Graf sonst so typische Humor ist in den »Kalendergeschichten« weit weniger zu finden, da das dem Autor so am Herzen liegende Schicksal Deutschlands eher tragisch akzentuiertes Material lieferte. Die sorglose Frische der »Geschichten vom Lande« fehlt. Einen ähnlichen Gestus spiegeln auch die »Stadtgeschichten« aus der Zeit der Weimarer Republik wider. Sie unterscheiden sich von den übrigen durch die breitere Optik des Erzählers. Der Ausschnitt aus der Wirklichkeit, den Graf seinen Lesern bietet, gewinnt durch die aufgezeigten sozialen Probleme an Tiefe.

Die Rolle des Geldes behandelt Graf mehrfach in seinem Werk. »Die Versuchung des Franz Perlbeck« und »Der widespenstige Erbe« sind Beispiele dafür. Die beiden Texte können als Großstadt-Schnurren verstanden werden, doch trotz mancher humorvoller Episode sind auch sie nicht frei von Tragik. Die Großstadt, magisches Symbol eines undurchdringlichen »Dickichts«, spielte in der Literatur der zwanziger Jahre eine wichtige Rolle. Auch Graf verschloß sich dieser Thematik nicht. Die Erzählung »Niemand kann allein sein« mit ihrer dumpfen Großstadtvision ist typisch für die von den Zeitgenossen tief empfundene Entfremdung des Menschen. Schon einleitend heißt es, das Feindliche dieser Umwelt voll erfassend: »Nächtliche Stadt: gestaltlose Gigantomanie aus Stein, Stahl, Eisen und Glas, aus tanzender Farbenflut und strotzendem Licht, aus Staub, Dunst, Dampf, Gerüchen aller Art und dem ununterscheidbaren Geräusch von Stimmen, von kurzem Auflachen und von Schritten.«[15]

Die Jahre von 1918 bis 1933 waren für Grafs Schaffen von außerordentlicher Bedeutung. Sie lieferten auch für die wichtigsten Romanwerke, die nach der Zäsur des Jahres 1933 geschrieben wurden, die Sujets, so für die Bücher »Der Abgrund« (1936) und »Anton Sittinger« (1937) wie auch für die späte Autobiographie »Gelächter von außen« (1966). Der permanente stoffliche Rückgriff auf diese Jahre ist damit zu erklären, daß Graf die Revolution und die Weimarer Republik als politisch wacher Bürger erlebte, aber auch als Schriftsteller seine Profilierung vor allem in dieser Zeit erfuhr.

Trotz des vielfältigen Engagements in wesentlichen politischen Fragen ist nicht zu übersehen, daß Graf organisierten Bindungen in einer Arbeiterpartei oder im Bund proletarisch-revolutionärer Schriftsteller (BPRS) aus dem Wege ging. Debatten in der »Roten Fahne« lassen erkennen, daß die KPD darauf orientierte, daß sich die potentiellen Bündnispartner unter den Künstlern voll und ganz, also auch organisatorisch, mit dem Proletariat identifizieren sollten.

Als Oskar Maria Graf in den Jahren 1924 bis 1926 daranging, seine Autobiographie zu schreiben, hob er aus der Sicht der mittzwanziger Jahre wesentliche Momente besonders hervor, so zum Beispiel bereits damals wahrgenommene Erscheinungen der Rassenhetze und des Antisemitismus. 1930 erschien die Erzählung »Ein Sohn Davids«, die im gleichen Jahr von der Münchener Zeitschrift »Jugend« preisgekrönt wurde. Durch sein Gespür für ein aufkommendes Unrecht gehörte Graf zu den ersten in Deutschland, die den von den Nazis verkündeten Rassenwahn literarisch zur Kenntnis nahmen. Intuitiv gelang es ihm in dieser meisterhaft gestalteten Geschichte, bestimmte Wurzeln einer unheilvollen Entwicklung aufzudecken. Auch die »Episode von Troglberg«, in der die große Politik von der Stadt ins Dorf gelangt, entlarvt schon im Februar 1933 das wahre Gesicht des Faschismus.

Trotz dieser eindeutigen antifaschistischen Haltung Oskar Maria Grafs versuchten die Nazis seine Bücher (mit Ausnahme von »Wir sind Gefangene«) zunächst auf die Liste der empfohlenen Blut- und Bodenliteratur zu setzen. Als Graf von diesem Ansinnen im Wiener Exil erfuhr, verfaßte er den offenen Brief »Verbrennt mich!«, der nach dem Abdruck in der Wiener »Arbeiterzeitung« um die Welt ging. Darin schrieb Graf: »Und die Vertreter dieses barbarischen Nationalismus, der mit Deutschsein nichts, aber auch rein gar nichts zu tun hat, unterstehen sich, mich als einen ihrer ›Geistigen‹ zu beanspruchen, mich auf ihre sogenannte ›weiße Liste‹ zu setzen, die vor dem Weltgewissen nur eine *schwarze* Liste sein kann!

Diese Unehre habe ich nicht verdient.«[16] In dieser Proklamation gelangte Graf zu politischen Einsichten, die seinen antifaschistischen Kampf entscheidend prägten. Dem Brief, der nach F. C. Weiskopf zu den »Ehrendokumenten deutscher Literatur«[17] gehört, folgte eine »Sonderveranstaltung« an der Münchner Universität. Dort verbrannte man die Bücher Grafs nachträglich. 1934 wurde ihm die deutsche Staatsbürgerschaft aberkannt.

Oskar Maria Graf gehört zu den wenigen antifaschistischen Schriftstellern, für die das Exilland zur letzten Station ihres Lebens wurde. Graf hatte für diesen folgenschweren Schritt, als »Bayer in Amerika« zu bleiben, vielerlei Gründe. 1962 nannte er auf lakonische, aber doch deutliche Weise einige davon: »Was mich aber bei meinen Deutschlandbesuchen grade in der ›wirtschaftswunderlichen‹ Bundesrepublik am meisten anwiderte, war, ganz abgesehen von einem bereits latent gewordenen Antisemitismus, das wiedererwachte, engstirnig provinzielle deutsche Tüchtigkeitsprotzentum, gepaart mit der durchgehenden spießbürgerlich-nihilistischen Prasserstimmung.«[18] Vier Jahre zuvor, beim ersten Besuch der Bundesrepublik, antwortete er auf die Frage, warum er denn nicht von New York nach München übersiedle, verschlüsselter, auf echt Grafsche Art. Diese Antwort könnte auch einer seiner Kalendergeschichten entnommen sein: »Im deutschen Viertel auf der Ostseite der Stadt, ungefähr von der 94. bis zur 79. Straße, zwischen der Zweiten und der Dritten Avenue, leben fast nur Deutsche ... Außerdem ist das New Yorker Bier ... ausgezeichnet und nicht so blähend und dickflüssig wie das bayrische Exportbier ... Und einen Schweinsbraten mit Kraut und Knödeln, einen Sauerbraten mit Spätzeln und allen anderen Spezialitäten, die man in München den Fremden als unübertroffen anbietet, nun – so was, und notabene in kaum bezwingbaren Portionen, schmeckt in Yorkville genausogut und ist vor allem billiger.«[19]

Anmerkungen

[1] Lion Feuchtwanger, Centum opuscula. In: L. Feuchtwanger, Eine Auswahl, Rudolstadt 1956, S. 531 f.
[2] Lion Feuchtwanger, Für Oskar Maria Grafs sechzigsten Geburtstag. In: Greifen-Almanach, Rudolstadt 1954, S. 131.
[3] Oskar Maria Graf, Wir sind Gefangene. Berlin und Weimar 1979, S. 290.
[4] Hans Wysling, Dokumente und Untersuchungen. Beiträge zur Thomas-Mann-Forschung, Bern und Zürich 1974 (Thomas-Mann-Studien) Bd. 3, S. 58.
[5] Oskar Maria Graf, Antwort eines Provinzschriftstellers. In: Oskar Maria Graf, Beschreibung eines Volksschriftstellers, hrsg. von W. Dietz und H. F. Pfanner, München 1974, S. 31-32.
[6] Oskar Maria Graf, An manchen Tagen. Reden, Gedanken, Zeitbetrachtungen, Frankfurt/M. 1961, S. 79.
[7] Oskar Maria Graf, Raskolnikow auf dem Lande. Kalendergeschichten, Berlin und Weimar, S. 15.
[8] Zitiert nach: Rolf Recknagel, Ein Bayer in Amerika. Berlin 1974, S. 133.
[9] Oskar Maria Graf, An manchen Tagen. A. a. O., S. 80.
[10] Oskar Maria Graf, Kalendergeschichten. Rudolstadt 1957, S. 48.
[11] Oskar Maria Graf, An manchen Tagen. A. a. O., S. 76.
[12] Oskar Maria Graf, Raskolnikow.... A. a. O., S. 487.
[13] Oskar Maria Graf, Raskolnikow ... . A. a. O., S. 495.
[14] Ebenda, S. 496.
[15] Ebenda, S. 449.
[16] Oskar Maria Graf, Beschreibung eines Volksschriftstellers. A. a. O., S. 38.
[17] F. C. Weiskopf, Porträt eines Raunzers. In: Werke, Bd. 8, Berlin 1960, S. 153.
[18] Oskar Maria Graf, Beschreibung eines Volksschriftstellers. A. a. O., S. 48.
[19] Zitiert nach: Verlagsprojekt O. M. Graf, Nest-Verlag Frankfurt a. M. 1959, S. 5.

Überlegungen zur Behandlung der Geschichte »Die Episode von Troglberg« im Deutschunterricht

»Die Episode von Troglberg« ist Oskar Maria Grafs unmittelbare Reaktion auf die Machtergreifung der Nationalsozialisten und auf den Reichstagsbrand in Berlin. Es ist zu vermuten, daß der Autor zu dieser kleinen Geschichte durch einen Pressetext angeregt wurde und ihre Niederschrift unmittelbar danach, frühestens also Anfang März 1933, im österreichischen Exil erfolgt ist.

Durch die gestalterische Grundidee des Fastnachtzuges der Troglberger Bauern summiert dieser Prosatext aber auch die letzten Jahrzehnte der politischen Geschichte Bayerns und reiht sich damit ein in die Thematik des großen autobiographischen Werkes von Graf.

Vom Genre und von der Erzählhaltung her gehört dieser kleine Prosatext in das Umfeld der bereits 1929 in zwei Bänden erschienenen »Kalendergeschichten«. Folgerichtig hat Graf sie dann auch nach 1945 – freilich in einer leicht veränderten Fassung – den Ausgaben dieses populären Werkes zugeschlagen. Vor allem in der Eingangsorientierung, wo vom »zweiten Weltkrieg« gesprochen wird und sichtlich neue Erfahrungen zum Tragen kommen, erhält die Geschichte eine weitere Dimension. Dies muß bei einer Interpretation Berücksichtigung finden.

Im Zentrum der »Episode von Troglberg« steht der Fastnachtzug der Troglberger Bauern, zu dessen Symbolfiguren der legenden-umwobene drittletzte Bayernkönig Ludwig II. ebenso gehört wie der von dem jungen, den Freikorps nahestehenden Grafen Arco-Valley ermordete linksstehende, demokratisch gewählte erste bayerische Ministerpräsident Kurt Eisner und der neuernannte nationalsozialistische Reichskanzler Adolf Hitler. Der trionfogleiche Zug beginnt genregemäß als tölpelhaft-komödiantische Darstellung eines theatrum mundi.

Die Bauern selbst fühlen sich als die Überlegenen. Die nicht eingeplante Konfrontation mit den braunen Machthabern läßt den politischen Mummenschanz zu einer Tragödie für seine Teilnehmer werden. Diejenigen, die nur die Geschichte vorzeigen wollten, werden selbst in den Mittelpunkt des Geschehens gerückt. Der Überfall der SA-Leute und die Ermordung dreier politisch abseits stehender Bauern erinnern an die Sujets der Grafschen Kriminalerzählungen, nur handelt es sich hier

um politische Kriminalität, gegen die es, zumindest vorerst, kein Recht gibt. »›Und dös sollt der neue Staat sei? ... So a Bagage?‹ stammelte der Bürgermeister. ›Dö san ja ärger wie Räuber und Mordbrenner!‹«[1]
Das Eingreifen der großen Politik in das Leben der kleinen Leute wird zum Thema dieser Geschichte. Und was Weltkrieg und Inflation nicht gelungen war, nämlich die Bauern zu politisieren, die Nazis schafften es durch eine solche Tat. Die Erkenntnis des Bürgermeisters ist der den Leser zum Nachdenken anregende Fingerzeig.

Der dreistufige Aufbau dieses Grafschen Prosatextes – zwei Expositionen (etwa ein Drittel des Textumfanges) und der Hauptteil – ermöglicht ein deduktives Erzählen. Ohne genaues Lesen der Eingangsorientierung erschließt der Schüler das Nachfolgende schwerlich. Textarbeit als wiederholendes Lesen und Interpretieren muß sich hier auf mehrere Schlüsselstellen des Verstehens konzentrieren.

Die als Bericht in einem fast ans Dokumentarische grenzenden Sachstil gehaltene erste Exposition unterstreicht durch diesen Duktus den Wahrheitsgehalt der Geschichte. Sowohl die geographischen als auch die soziologischen Fakten, die der Berichterstatter mitteilt, sind stimmig. Das politische Desinteresse, Ausgangspunkt für das Erzählgeschehen, wird auf das allgemeine Verhalten der besitzenden Bauernschaft zurückgeführt. »Die Politik«, heißt es im Text, »hat ihn noch nie interessiert, und gegen alles Amtsmäßige – vom einfachen Landgendarmen über das Finanzamt bis hinauf zur jeweiligen Regierung – hegt er seit jeher ein unausrottbares Mißtrauen.«[2]

Die derzeitige ökonomische Lage der Bauern – seit der Inflation befinden sie sich im wirtschaftlichen Aufstieg (das unterscheidet sie von den Kleinbürgern) – scheint dem Autor recht zu geben. Die Troglberger gefallen sich in ihrem scheinbaren Idyll, in dem sie nur durch das allmähliche Eindringen der Politik (und damit der Welt) aufgeschreckt werden, nur deshalb erfassen sie den 30. Januar 1933 als etwas Besonderes: Die Nazis, auch auf ihre Stimmen für die Wahlen am 5. März 1933 angewiesen, agitieren deshalb in ihrem abgelegenen Landstrich. Der abschließende Kommentar des Berichterstatters impliziert die bisherigen Erfahrungen dieser Bauern mit den Regierenden, die bei ihnen nur Passivität hervorrufen konnten: »Jeder versprach das Blaue vom Himmel herunter, heute galt der und morgen jener als ›einziger Retter‹, und zum Schluß blieb alsdann doch wieder alles beim alten.«[3]

Dem wissenden Leser offenbart sich bereits jetzt der Gestus der Erzählweise: In der unterschwelligen Androhung des Umschlagens liegt das Spannungsmoment, das auf kommende Ereignisse schließen läßt.

In der zweiten Exposition – im Unterschied zur ersten ist sie erzählend – hebt der Erzähler die Protagonisten der Handlung aus der bisher als geschlossene soziale Gruppe vorgeführten Bauernschaft personell heraus: den Bürgermeister Wenwieser, den Bader Lingl, den Schmied Banzer und andere. Im »Postbräu« beraten sie darüber, wie sie auf die zunehmenden politischen Eingriffe in das Gefüge der von ihnen verwalteten heilen Welt Troglbergs reagieren sollen, zumal einige Nazis den Ball des Gesangsvereins erheblich gestört haben, »und weil jeder etwas gegen das zuwidere Umsichgreifen der Politik hatte, darum war man schnell einig und kam auf lustige Ideen.«[4] (Der Erzähler betont somit weiterhin die Geschlossenheit der sozialen Gruppe.)

Wie Kinder Erwachsene nachahmen, so wollen die Troglberger in ihrem Fastnachtsumzug die Politiker spielen und auf diese Weise der Lächerlichkeit überführen: Sie reagieren nicht mit einem Gegenangriff, sondern mit einer humorigen bayrischen Gaudi, einer Schnurre.

Der im beginnenden dritten Teil gezeigte Erzählgestus des Festzuges geht in die Richtung einer Grafschen Schnurre: Eisner und Hitler erscheinen als Karikaturen, wobei der letztere als der weitaus harmlosere dargestellt wird. Als ernst und standhaft erweist sich nur der bayrische Löwe, der dabei auch einem Preußen tüchtig ans Zeug geht. Der Fastnachtszug der Troglberger gibt ihr kleinbürgerlich-idealisiertes, in eine verklärte Vergangenheit blickendes Geschichtsbild optisch preis, das gegen Ende der Veranstaltung in eine Märchenwelt abkippt, Illumination und das Absingen der Königshymne, die »wie ein langsam anhebender Choral klang«[5], taten das übrige.

Als dieses traumhaft-verstärkte Weltbild mit der Realität eines SA-Verbandes konfrontiert wird, stürzt es wie ein Kartenhaus zusammen. Zwar stellen sich die Troglberger wirtshausmäßig den Störenfrieden entgegen und treiben sie auf diese Weise aus dem Ort, doch das tragische Ende können sie nicht verhindern.

Daß es sich bei diesem Rosenmontag, dem 27. Februar 1933, auch um den Tag der Reichstagsbandstiftung handelt, erfahren sie zwar von einem SA-Mann – die Tragweite des Ereignisses, das ihre Tragödie zu einer Episode herabspielt, erfassen sie jedoch nicht. Der Bürgermeister versucht, wie bei einem Kriminalfall, die Ordnung durch eine Anzeige wiederherzustellen. Vom eben erlebten Vorfall auf das Allgemeine zu schließen, vermag er jedoch nicht, wenn er resümiert: »Heiliger Herr Jesus! Wenn der Hitler mit an solchern Gsindl ofangt, is oiß verlorn!«[6]

Der lapidare Schlußsatz des Erzählers »So begann die Ära des Dritten Reiches in Troglberg«[7] fordert den Leser indirekt dazu auf, die Moral selbst zu formulieren und somit zum Ko-Fabulierer zu werden.

Die Schüler sollen in Oskar Maria Graf einen unverwechselbaren Erzähler und politisch engagierten Schriftsteller der ersten Hälfte unseres Jahrhunderts kennenlernen und damit ihr Wissen über die Literaturentwicklung in der Weimarer Republik und unter den Bedingungen des Exils erweitern.

Die Schüler erfassen die Erzählweise des Werkes als einen Ausdruck der Lebensverbundenheit und leidenschaftlichen Parteinahme durch den Autor. Dabei setzen sie diese Grundhaltung mit den Besonderheiten der sprachlichen Gestaltung (volkstümliche Erzählformen, Dialekt) in Beziehung und üben sich im Lesen und selbständigen Interpretieren eines ausdrucksvollen Textes. In der kunstvollen Figurenzeichnung und in den Handlungsmotiven der Figuren erkennen die Schüler die große realistische Erzählkunst Grafs und werden angeregt, diesen Erzähler in selbständiger Lektüre näher kennenzulernen.

Für die Behandlung dieser Erzählung dürfte eine Unterrichtsstunde das Optimale sein, wenn sich die Schüler auf die Erarbeitung des Textes mit Hilfe einer konkret gestellten Lektüreaufgabe zu Hause vorbereiten. Der Lehrer erteilt diese Aufgabe, nachdem er auf die politischen Hintergründe (Machtergreifung der Nazis, Reichstagsbrand) und die sprachlichen Besonderheiten des Textes kurz verwiesen hat. Mit dem Leseauftrag könnte folgende Aufgabenstellung verbunden sein: Notieren Sie, wie sich die Einwohner des oberbayrischen Dorfes Troglberg vor und nach dem Überfall der Faschisten auf ihren Fastnachtszug (»Episode«) zur Politik verhalten! Entnehmen Sie Ihre Feststellungen dem literarischen Text! Werten Sie die Auffassungen der Troglberger!

Die Stunde könnte folgende drei Schritte umfassen:
Unterrichtsgespräch:
- Geben Sie Ihre Leseeindrücke wieder! (Hat sie die sechzig Jahre alte Geschichte angesprochen? Kann sie heute noch betroffen machen? Warum?)
- Was haben Sie durch die Lektüre vom Leben der oberbayrischen Bauern in den zwanziger Jahren erfahren? Wie haben diese sich (nach der Meinung des Erzählers) bislang zur großen Politik verhalten? (historische Einordnung, die Schüler entnehmen ihre Antworten auch der schriftlichen Hausaufgabe, Überprüfung am literarischen Text)

Arbeit am Text und Unterrichtsgespräch (dieser Schritt geht aus der Besprechung der Hausaufgabe hervor):
- Lesen des Abschnittes, in dem über die Vorbereitung des Fastnachtzuges berichtet wird. (Motiv des Maskenzuges)
- Warum reagierten die Troglberger auf die Politisierung ihres Lebens in dieser Form? (Der Lehrer gibt während des Unterrichtsgesprächs Hinweise zur Tradition der Fastnacht in Bayern, erklärt die Namen Ludwigs II. und Kurt Eisners und verweist in diesem Zusammenhang auf die Bayerische Räterepublik. Er kann außerhalb Bayerns vermutlich dazu nur wenig Wissen aus dem Geschichtsunterricht voraussetzen.)
- Die Schüler erkennen in der derb-realistischen Figurenzeichnung die große Erzählkunst Grafs; in diesem Zusammenhang sollte der Begriff »bayrischer Volksschriftsteller« genannt werden.

Kurzes Unterrichtsgespräch:
Leiten Sie aus der Kenntnis dieser Erzählung die politische Haltung des Autors Oskar Maria Graf ab!
Der Lehrer gibt eine Information zum antifaschistischen Engagement des Schriftstellers und sollte auf Grafs Protestbrief »Verbrennt mich!« (1933) verweisen, der dem Brechtschen Gedicht »Die Bücherverbrennung« zugrunde liegt.

Anmerkungen

Dem Lesebuch der Klassen 9/10 in den Schulen der DDR (Berlin, 1988) lag im Falle der Graf-Geschichte folgende Ausgabe zugrunde: Graf, Geschichten. Leipzig 1983, herausgegeben von Detlef Ignasiak und Ulrich Kaufmann. Deshalb zitieren wir nach dieser Edition (S. 268-275), die Ursula Walter mit 19 Federzeichnungen versah.

[1] Graf, Die Episode von Troglberg. In: Graf, Geschichten. A. a. O., S. 274.
[2] Ebenda, S. 268.
[3] Ebenda, S. 269.
[4] Ebenda, S. 269.
[5] Ebenda, S. 273.
[6] Ebenda, S. 275.
[7] Ebenda, S. 275.

Bemühungen um Graf

Zur Rezeption seines Werks in der DDR

I Das Graf-Jubiläum 1984

Gewiß ist es ein Zufall, daß zeitgleich mit Grafs 90. Geburtstag eine kleine Monographie über seinen Freund Georg Schrimpf[1] herauskam. Der Bildteil beginnt mit dem bekannten Graf-Porträt aus dem Jahre 1918, das in der DDR durch den Literaturkalender des Aufbau-Verlags 1981 erstmals publik gemacht wurde.[2]

Die Verlage der DDR reagierten auf den runden Geburtstag des Autors zweimal. Im Verlag der Nation erschien in dritter Auflage die im besten Sinne populärwissenschaftliche Monographie »Ein Bayer in Amerika«[3] des Leipziger Forschers Rolf Recknagel, der durch seine Recherchen zu Traven sowie seine Jack-London-Biographie auch außerhalb der DDR von sich reden machte. In einer Zeit, in der Literaturrezeption nicht unwesentlich von gut geschriebenen Biographien abhängt, hat er vielen Lesern Graf nahegebracht.

Der Aufbau-Verlag entschied sich dafür, das »Bayrische Dekameron«[4] ein drittes Mal als Taschenbuch herauszubringen. Erneut war dieses Büchlein nach Stunden vergriffen. Auch in den Zeitschriften und Zeitungen fand das Jubiläum einige Resonanz. Die »Neue deutsche Literatur« veröffentlichte im Juliheft als Erstdruck einen Brief Grafs vom 5. August 1954, in dem dieser sich beim Präsidium des Schriftstellerverbandes für die Glückwünsche zum 60. Geburtstag bedankt.[5]

Umfangreichere Würdigungen brachten das »Neue Deutschland«, die größte Tageszeitung der DDR, die Gewerkschaftszeitung »Tribüne«[6] sowie einige Lokalzeitungen. Der »Sonntag«, die Wochenzeitung des Kulturbundes, veröffentlichte ein Foto des Autors und druckte Brechts Gedicht »Die Bücherverbrennung« nach.[7] Blicken wir von den Graf-Würdigungen des Jahres 1984 zurück auf die vielversprechenden Anfänge seiner Rezeption in der Nachkriegszeit.

II Graf auf dem Buchmarkt – Bilanz und Ausblick

Neben Renn, Bredel, Marchwitza, Uhse, Seghers, Heinrich und Thomas Mann, Feuchtwanger, Arnold Zweig und anderen gehört auch Oskar Maria Graf zu den deutschsprachigen Prosaautoren, die in den ersten Jahren nach der Zerschlagung des Faschismus Entscheidendes im Umdenkungsprozeß vieler Menschen bewegten. Nicht beliebige, sondern wesentliche Bücher Grafs erschienen in den ersten Jahren: »Wir sind Gefangene« und »Unruhe um einen Friedfertigen« (nach Thomas Mann Grafs stärkstes Buch)[8] 1948, der Erzählband »Mitmenschen« 1950, die Romane »Anton Sittinger« und »Das Leben meiner Mutter« 1951 und »Bolwieser« 1953. Interessant dürften dabei die Auflagenhöhen sein: Von Grafs Autobiographie »Wir sind Gefangene« und dem Roman »Unruhe um einen Friedfertigen« wurden 1948 jeweils 20 000 Exemplare gedruckt.

Der »Greifenalmanach auf das Jahr 1954«[9] ist ein eindrucksvoller Beleg dafür, wie liebevoll in dem kleinen Rudolstädter Verlag Grafs Bücher in den fünfziger Jahren betreut wurden. Seinem sechzigsten Geburtstag sind dort 30 Seiten gewidmet. Man findet im Almanach epische, lyrische und aphoristische Beiträge aus seiner Feder sowie – in einem Teil der Auflage – als Sonderdruck Grafs Geburtstagsrede, aber auch die Würdigungsbriefe Thomas Manns, Einsteins, Feuchtwangers, Bildbeigaben und anderes. Im Anhang werden zudem die »Kalendergeschichten« und »Das Leben meiner Mutter« angekündigt. Wie wichtig Bekanntschaften und Sympathien in der Literaturgesellschaft der Nachkriegszeit waren, zeigt das Beispiel des Rudolstädter Verlagsleiters Karl Dietz (gestorben 1964). Dietz, von Geburt und Naturell Bayer, kannte Autoren wie Graf und Feuchtwanger schon aus der Zeit vor 1933. Sie paßten in sein Konzept einer volksaufklärerischen Literatur.[10]

Das Engagement der DDR-Verlage wußte Graf durchaus zu schätzen, zumal er in der Zeitspanne zwischen 1948 und 1958 seine Werke achtzehn Verlagsunternehmen der Bundesrepublik vergeblich anbot. Während seines ersten Besuchs in der BRD im Jahre 1958 sagte er: »Die ostdeutschen Verleger machen wenigstens deutsche Literatur (...) Das hat zur Folge, daß die Schriftsteller meiner Generation, wie Scharrer Bredel, Marchwitza, nach dem Kriege ihre Arbeit fortsetzen konnten. Hierzulande ist die Entwicklung abgebrochen und nicht weitergeführt worden.«[11]

Es ging jedoch auch in der DDR mit der Verbreitung seiner Werke nicht alles glatt. Man lese nur daraufhin die teilweise bitteren Briefe Grafs an den Kulturminister und Dichterkollegen Becher, der sich im Aufbau-Verlag des öfteren für den Druck Grafscher Werke einsetzte.[12] Eine gewisse Tragik liegt darin, daß Graf – wie bereits vor 1933 – auch in der DDR keinen »Stammverlag« hatte, der sich seines Gesamtwerkes kontinuierlich annahm. Viele seiner zurückgekehrten Kollegen hatten die Möglichkeit, sich an Ort und Stelle um die sorgfältige Verbreitung ihrer Werke kümmern zu können.

Im Unterschied zu anderen sozialistischen und bürgerlich-humanistischen Autoren der Emigration hatte Oskar Maria Graf in der DDR niemals eine Werkausgabe. Die Verlagsrechte für die »Kalendergeschichten« und andere Graf-Texte gingen Ende der fünfziger Jahre an den Aufbau-Verlag über, bei dem eine gewisse Kontinuität in der Verbreitung der Grafschen Bücher zu verfolgen ist. Von einer wirklichen Konzentration der Bemühungen um Graf in einem Verlag konnte indessen nicht die Rede sein. Gerade auch der Verlag der Nation hat sich seit dem Graf-Jahr 1974 für den Autor besonders engagiert.[13]

Neben den Nachauflagen der Hauptwerke Grafs fällt das Bemühen der Verlage auf, den Autor, der in kaum einer Prosaanthologie zum 20. Jahrhundert fehlt, auch in preiswerten Taschenbuchauflagen vorzustellen. Die Jugenderinnerungen »Größtenteils schimpflich« (1974) und das »Bayrische Dekameron« konnte man am Zeitungskiosk für 1,85 Mark erwerben, die Romanzeitung brachte den »Bolwieser« im Jahre 1977 für 80 Pfennig heraus.

Auch der Versuch, Graf den Freunden der Kriminalliteratur vorzustellen, erwies sich als gelungen.[14] 1985 war erstmals Gelegenheit, Sergej Tretjakows Graf-Porträt in deutscher Sprache zu lesen.[15] Indessen ließ sich, weniger bei den Lesern, wohl aber bei den Verlagen der DDR eine gewisse »Graf-Müdigkeit« – um diesen Ausdruck aus der Brecht-Forschung abgewandelt zu verwenden – in den letzten Jahren nicht übersehen. Zu einer zweiten Phase der Rezeption, in der man wesentliche, in sich in stärkerem Maße widersprüchliche Werke vorstellt, ist es nicht mehr gekommen. Das ist ein kaum spektakulärer Vorgang, der auch bei der Aufnahme anderer Autoren in der DDR (Thomas Mann, Klaus Mann, Erich Mühsam usw.) zu beobachten war. Man kann diese Rezeptionsschübe ebenso an einem Jahrhundertautor wie Brecht verdeutlichen, von dem in kurzen Abständen das »Arbeitsjournal« (1977), bisher ungedruckte Gedichte der »Buckower Elegien«, eine umfangreiche Briefedition (1983) und die »Gedichte über die Liebe« (1984) erschienen. Bei

Brecht hat es aber den Versuch gegeben, die »heißen Eisen« anzupacken. Hätte man etwa die lebendig geschriebene Autobiographie »Gelächter von aussen« (1966) publiziert, so wäre dem Leser in der DDR zu erläutern gewesen, weshalb Graf, der mit so viel Sympathie in den dreißiger Jahren von der Sowjetunion sprach, in einigen Passagen seines letzten Buches Auffassungen vertritt, die den Totalitarismusdoktrinen nahestehen. An seiner antifaschistischen, humanistischen und stets volksverbundenen Position macht der Autor auch in diesem Werk keine Abstriche.

Graf ist ein Schriftsteller, der noch weniger als andere in ein Schubfach paßt. Die Widersprüche dieses sperrigen Zeitgenossen gilt es zu benennen und nicht zu glätten. An editorische Leistungen wie die Theaterchronik »Wunderbare Menschen« (1976) und die »Reise nach Sowjetrußland 1934« (erschienen 1977) wäre anzuknüpfen gewesen. Die von Rolf Recknagel herausgegebene Reisedarstellung war schnell vergriffen, hatte eine gute Presse[16] und erlebte bald eine Nachauflage. Zum einen lag dies wohl an der lebendig-unbeschönigten Reisedarstellung selbst, zum anderen an der gelungenen Ausstattung des Buches, das durch Fotos, Zeichnungen, Scherenschnitte und bis dahin unbekannte Reden Grafs ergänzt wurde. Wäre man diese Strecke literarischer Neuentdeckungen weitergegangen, so wäre vor allem der Lyriker, Aphoristiker, Briefeschreiber und Publizist Graf vorzustellen gewesen. Hinzu käme der im Osten Deutschlands ungedruckt gebliebene Zeitgeschichtsroman »Der Abgrund« (1936, der in einer späteren Fassung den Titel »Die gezählten Jahre« trägt) und vor allem durch die Exilforschungen an der Akademie der Wissenschaften neuerliches Interesse fand.[17] Zwar ist dieser Roman kein künstlerisch so geschlossenes Werk wie »Unruhe um einen Friedfertigen« oder »Anton Sittinger«. »Der Abgrund« besitzt jedoch als erregende Schilderung der Wiener Ereignisse 1934 sowie als Warnung vor Faschismus und Krieg literarhistorische wie aktuelle Bedeutung. Da Rezeption von Literatur in heutiger Zeit nicht allein über das Buch erfolgt[18], wären weit mehr Überlegungen nötig gewesen, wie man Graf, auch in anderen Medien[19] sowie durch Ausstellungen hätte präsentieren können.

III Ein Stiefkind der Wissenschaft kommt ins Gespräch

In Arbeiten aus der Feder von DDR-Literaturhistorikern liest man immer wieder, daß Oskar Maria Graf in der Zeit der Weimarer Republik und während der Emigration zu den literarisch produktiven wie gleichermaßen politisch bewußten deutschen Autoren gehörte. Sein Name wird stets in einem Atemzug mit bedeutenden zeitgenössischen sozialistischen und bürgerlichen Schriftstellern genannt, sein Werk jedoch im einzelnen noch unzureichend analysiert. Eine Pionierarbeit wie die Geschichte der deutschen Literatur in zwölf Bänden machte in vielen Fällen erst recht einsehbar, was von der Forschung noch zu leisten war.

Graf wird im zehnten Band meines Erachtens ästhetisch und politisch richtig bewertet, wenngleich im Detail einige Fehler nicht zu übersehen sind: Die Romane »Die Heimsuchung« (1925), »Einer gegen alle« (1932) und »Anton Sittinger« (1937) werden falsch datiert. Außerdem bezeichnen die Autoren »Die Heimsuchung« als einen sozialkritischen Roman, die Autobiographie »Wir sind Gefangene« versehen sie mit der Genrebezeichnung »Roman« usw. Hinzu kommt ein die Dichterbiographie betreffender sachlicher Fehler: »Graf setzte diesen Versuchen (der Anbiederung durch die Nazis – U. K.) sein berühmtes Verbrennt mich! entgegen und ging ins Exil«.[20] Das ist insofern unrichtig, als Oskar Maria Graf den Protestbrief vom Mai 1933 schrieb, als er bereits im Wiener Exil war.

Dieser Stand der Wissenschaft forderte genauere Untersuchungen zu Graf geradezu heraus. An der Spitze aller Bemühungen bei der Erforschung von Werk und Vita des Autors stand – namentlich für die DDR – Rolf Recknagels Buch »Ein Bayer in Amerika«. Diese Studie, die anläßlich des achtzigsten Geburtstages Oskar Maria Grafs (1974) entstand, ist die erste gedruckte Gesamtdarstellung über den Dichter. Die Graf-Biographie (1977 in einer verbesserten und ergänzten Auflage vorgelegt) ist ein Versuch, breite Leserkreise an das Werk heranzuführen. Die zahlreichen autobiographischen Darstellungen Grafs nutzt Recknagel als Dokumente (er betrachtet sie daher weniger als Kunstwerke) für seine in erster Linie Leben und Werk des Autors nachgestaltende Darstellung. Die Kritik sprach daher mit Recht von einer »erzählerischen Monographie«.[21] Das begrüßenswerte Vorhaben, möglichst breite Leserschichten anzusprechen, geht an einigen Stellen mit einem Verlust an wertender Interpretation einher. Anschaulichkeit in der Darbietung erreichte Recknagel, indem er seinem Buch größtenteils unbekannte Fotos, Holzschnitte, Karikaturen, Schriftproben beigab und die Persönlichkeit Grafs in die politische und literarische Gesamtentwicklung hineinstellte. Die Studie enthält im Anhang eine Bibliographie der Primärtexte in Buchform und eine Auswahlbibliographie der Sekundärliteratur. Neben einer Zeittafel bietet die erste Auflage dem Forscher in der DDR Gelegenheit, sich anhand eines mitabgedruckten Berichts Helmut F. Pfanners einen Überblick über den Nachlaß Grafs zu verschaffen. Des weiteren versuchte Recknagel, in die kaum bekannte Lyrik Grafs einzuführen. Sein Buch fußt auf einem genauen Quellenstudium. Es gelingt dem Autor, Entscheidendes zur Wirkungs- und Entstehungsgeschichte der Hauptwerke Grafs auszusagen und stilistische Besonderheiten herauszustellen. Bei der Bewertung der weltanschaulichen Position Oskar Maria Grafs erweist sich die exakte Kenntnis des Verfassers in Fragen des Anarchismus als Gewinn für den Leser.

Recknagels Arbeit stößt sich in der Methode der Darstellung bewußt von einer zehn Jahre vorher fertiggestellten Dissertation ab, die Heinz Swarowsky an der Pädagogischen Hochschule Potsdam verteidigte. Swarowskys verdienstvoller Versuch einer Gesamtdarstellung ist die bis dahin umfangreichste Studie zum Werk Grafs. Sie entstand noch zu Lebzeiten des Dichters. Das hatte den Vorteil, daß Swarowsky Graf selbst befragen konnte. »Die Aufgabe unserer Arbeit wird daher in der Hauptsache darin bestehen, das von Graf in seinen Werken gezeichnete literarische Bild der bürgerlichen Gesellschaft auf seine Klarheit und Genauigkeit und auf seine Richtigkeit hin zu untersuchen«[22], heißt es einleitend. Obwohl vom Verfasser nicht direkt beabsichtigt, ordnet er der Literatur vor allem eine die Geschichte illustrierende Funktion zu. »Deshalb ist es erforderlich, in Anlehnung an das zu untersuchende Material die Arbeit nach den historischen Vorgängen zu gliedern, die im Mittelpunkt der Werke Grafs stehen.«[23] Auch wenn man einräumt, daß eine vor allem soziologisch angelegte Literaturbetrachtung zu bestimmten Zeiten ein Fortschritt war, interessiert uns Graf nicht als Historiker oder Ideologe, sondern zuallererst als Dichter mit einem spezifischen literarischen Beitrag.

Umfragen bei Germanistik-Studenten in der (alten) Bundesrepublik haben ergeben, »daß der Name Graf an unseren Universitäten so gut wie unbekannt ist«, schrieb 1976 Ernst Antoni in seinem Beitrag zur Graf-Rezeption in der BRD.[24] Titel wie »Anton Sittinger«, »Wir sind Gefangene« oder die »Kalendergeschichten« tauchten zwar mitunter im Lektüre-Kanon der DDR-Hochschulen auf. Kein Vorlesender, der zur Exilliteratur sprach, konnte Grafs Protestbrief »Verbrennt mich!« übersehen, und dennoch war Oskar Maria Graf ein Schriftsteller, den man an den Universitäten neben anderen erwähnte, kaum aber explizit behandelte. Offenbar gab es zwischen dem Engagement der akademischen Literaturwissenschaft und dem tatsächlichen Leserinteressen auch im Falle Grafs eine Diskrepanz. Sieht man einmal von dem Roman »Er nannte sich Banscho« ab, den der Aufbau-Verlag zum 70. Geburtstag des Autors 1964 als deutsche Erstveröffentlichung präsentierte und der sich langsam verkaufte, so erfreuten sich andere Graf-Titel einer beachtlichen Nachfrage, die sich bis heute in den Antiquariaten bestätigt, wo man die Bücher dieses Volksschriftstellers höchst selten vorfindet. Ein bei der Rezeption Grafs wesentlicher Tatbestand kommt hinzu, auf den Erwin Strittmatter in einem Brief aufmerksam machte. »Graf ist ja bei uns (wenigstens in früheren Jahren) durchaus aufgelegt worden. Viele Leute werden Grafs Geschichten über die Mitmenschen gelesen haben; nur müssen Sie berücksichtigen, daß diese Leser kaum auf den Namen des Verfassers achten. Wie oft habe ich das bei der Benutzung meiner Arbeiten von Durchschnittslesern erlebt!«[25]

Oskar Maria Graf bemerkte einmal, er schreibe nicht für Kritiker, Dichterkollegen und Intellektuelle, sondern für das Volk.[26] Diese Aussage enthält im Ansatz ein demokratisches Literaturprogramm. Wenn am Material der DDR-Literatur des öfteren konstatiert wurde, das Verhältnis zwischen Autor und Leser sei enger geworden, beide stünden, wie Anna Seghers sagte, im Bunde[27], und sich das auch strukturell an den Werken zeigen läßt, so hat Graf an diesem Zustand gewiß seinen Anteil. Epik im ursprünglichen Sinne setzt Hörer voraus, die sich während des Erzählens näherkommen. Deshalb ist Erzählen für Graf etwas *Grundgeselliges,* während das Lesen von Gedrucktem Alleinsein erfordere.[28] In seinen Erzählungen und teilweise in den autobiographischen Büchern knüpft der Autor bewußt an die tatsächliche Erzählsituation an, wie man sie in einer geselligen Runde vorfindet. Erzählen geht gewissermaßen, wie Benjamin bemerkt, reihum, während der Bildungsroman von der Sublimierung des Privaten ausgehe und an das Schweigen grenze. Auch wenn Benjamin Graf einen *neuen Epiker* nennt, der im Unterschied zum bürgerlichen Entwicklungsroman den Abbau des Helden zeigt[29], liegt wohl ein Grund für die Popularität Grafs zugleich gerade in der Traditionsverbundenheit und Volkstümlichkeit seiner Prosa. Jeder, der gewillt ist, sich in das Bayrische ein wenig hineinzulesen, kann ihn verstehen, wird Freude haben an der Direktheit der Sprache, am Humor und an dem unverstellbaren Blick auf die wirklichen Dinge des Lebens.

Autoren, die wie Jurij Brězan und Erwin Strittmatter das Leben, die Denk- und Sprechweise von Menschen einer bestimmten Landschaft literarisch ergründen und dabei in der Vergangenheit, insbesondere auf die eigene Kindheits- und Familiengeschichte zurückgehen, standen hoch in der Gunst des Lesers in der DDR. Ganz gewiß geht das Interesse an den Büchern Grafs auch auf diese Momente seines Schaffens zurück.

Erfreulicherweise hielt Oskar Maria Graf 1983 Einzug in das Lehrplanwerk der Schulen. Ob die Behandlung der »Episode von Troglberg« in der 9. Klasse bei den Schülern auf Interesse stieß und möglicherweise zu weiterer Lektüre anregte, ist schwer zu beurteilen. Indes führte dieser Anlaß dazu, daß die Nachfrage nach Literatur von und über Graf bei den Lehrern zunahm. Das von Ursula Walter illustrierte Reclam-Buch »Geschichten« (1983) – mit einem ausführlichen Nachwort versehen – war, trotz einer Startauflage von 40 000 Exemplaren, sofort vergriffen.

IV Ein »Diasporit« und die Literatur der DDR

In welcher Beziehung stand der in New York lebende Schriftsteller zur DDR-Literatur und wie wurde Oskar Maria Graf von Autoren der DDR rezipiert? Es ist zunächst nicht verwunderlich, daß Graf vor allem eine Affinität zu den namhaften Autoren seiner Generation spürte und mit ihnen, wenn auch sporadisch, in Verbindung blieb. Der 1984 erschienene Briefband[30] zeigt erneut, wie sich Graf insbesondere zu Willi Bredel hingezogen fühlte, mit dem er 1964, bei seinem einzigen DDR-Besuch, ein freudiges Wiedersehen feierte.

Handelte es sich im Falle Bechers, wie erwähnt, um Arbeitskontakte, die Widersprüche und Streit nicht ausschlossen, so dokumentierten etwa die Glückwunschschreiben an Anna Seghers[31] und Arnold Zweig zuallererst Grafs Bewunderung für diese Autoren. Seine frühe Lektüre des »Grischa«-Romans beschreibt er 1962 so: »... beim Lesen dieses unvergänglichen Werkes merkte ich (und das nicht ohne Neid und Bitterkeit), was mir noch alles fehlte an schriftstellerischer Zucht und epischer Kraft. Es war gleichsam, als hätte ich einen sehr eindringlich mahnenden Denkzettel erhalten, nicht vorschnell und leichtsinnig die eigene Leistung zu überschätzen.«[32]

Man sollte die Beziehungen Grafs zu einzelnen DDR-Autoren nicht übersehen, sie jedoch keineswegs überbewerten. Während Graf mit Autoren der Bundesrepublik wie Andersch, Böll und Grass einen regelmäßigen Austausch pflegte, ihre Werke las und sich in Briefen und Aphorismen dazu äußerte, nahm er von neuerer DDR-Literatur kaum Notiz. Ein so begabter Autor wie Erwin Strittmatter war ihm namentlich nicht bekannt.³³ Wiederum hat sich gerade Strittmatter in seinem vieldiskutierten Roman »Der Wundertäter« (Dritter Band, 1980) zu Graf bekannt. In einer Episode läßt er den Kreisparteisekretär Auenwald über sich und den Wundertäter, den Schriftsteller Büdner, nachdenken: »Auch du könntest ja wohl einen Roman über dein Leben schreiben, sagt er sich. Aber woher die Zeit nehmen? Woher hatte übrigens Büdner die Zeit genommen? Es war gewiß mit seinem Redakteursposten nicht ausgelastet. Auenwald befragte seine Wissenskartei nach den ursprünglichen Berufen von Schriftstellern. War je ein Bäcker ein wirklicher Schriftsteller geworden? Bredels Urberuf war Schlosser. Lekaschs Urberuf Kesselschmied, Renn war Feudalist, Becher und Brecht wurden als Dichter geboren, stellte er fest. Unter dem Buchstaben G aber traf er gleich auf zwei Schriftsteller, die Bäcker waren: Gorki und Graf, und beide waren parteilos. Das war eine Nuß für Auenwald: überall, auf der Parteischule, auf Lehrgängen und im Parteileben, wurde darauf hingewiesen, daß Parteizugehörigkeit und Ideologisierung die Qualität eines Menschen, ob Fabrikarbeiter, ob Bauer, Intellektueller, Funktionär oder Künstler, erhöhe.«³⁴

Nach seinem Verhältnis zu Graf befragt, schreibt Erwin Strittmatter: »Ich habe Graf schon gelesen (Mitte der zwanziger Jahre), als er seine Geschichten noch in der Bäckerzeitung veröffentlichte. Er ist ja ein Berufskollege von mir. Natürlich hat mich sein Dasein angespornt, denn auch ich schrieb ja schon als Bäckergeselle. Nachzulesen in meiner Geschichte von der MINGEDÖ.«³⁵

Literaturwissenschaftler haben behauptet, der Schriftsteller Herbert Jobst, Verfasser der Romantrilogie »Der dramatische Lebensweg des Adam Probst«, nehme Traditionen mündlicher Volkserzählung und Erfahrungen Oskar Maria Grafs auf.³⁶ Jobst wies diese Vermutung zurück und ließ eher den Einfluß des ihm näher stehenden Ludwig Turek gelten.³⁷

Im Falle von Hedda Zinners autobiographischem Entwicklungsroman »Fini« (1973) liegen die Dinge anders. Hier braucht niemand einen Einfluß Grafs zu vermuten oder nachzuweisen, hier wird Graf selbst dichterisches Ereignis. (Im Kapitel zu Graf und Becher sind wir darauf genauer eingegangen.)

Nur in einem Falle gab es zwischen Graf und der sich entwickelnden Literatur in der DDR direkte Berührungspunkte. Der in Weimar lebende Lyriker Wulf Kirsten (»Satzanfang«, »Der Bleibaum«, »Stimmschotter«) schrieb an Graf Mitte der fünfziger Jahre einfühlsame Leserbriefe, in denen es dann bald auch um eigene Lebensumstände ging.³⁸ Erst später schickte Kirsten erste gedruckte lyrische Versuche und erhielt aus New York Ermunterung. Rückblickend äußerte Kirsten: »Heimat, das ist auch so ein Begriff, mit dem großer Mißbrauch getrieben worden ist. Ich weiß nicht, ob man diesen Begriff unbedingt braucht, aber daß man sich einer Region zugehörig fühlt, das könnte damit gemeint sein; so verstand ich jedenfalls Oskar Maria Graf, und diese Haltung, ja, die hat mich sehr beeindruckt – mehr als vielleicht die Prosa Grafs selbst. Graf war überhaupt der erste, zu dem ich wirklich Vertrauen hatte. Wie dieser bäuerliche Plebejer zum Weltbürger geworden ist, das hat mir sehr imponiert, das ist nach wie vor eine Gestalt, die für mich Vorbildcharakter hat.«[39]

Jahre später machte sich Wulf Kirsten (in seiner Eigenschaft als Lektor des Aufbau-Verlages) um mehrere Graf-Editionen verdient. Er war es, der die von Hans Ticha illustrierte Sammlung der Kalendergeschichten unter dem Titel »Raskolnikow auf dem Lande« zusammenstellte. Sie gehörte zu jenen Büchern, die 1974 auf der Leipziger Messer mit dem Prädikat »Schönstes Buch der DDR« ausgezeichnet wurden.

Auch wenn es den »ganzen« Graf noch zu entdecken galt, so hat man in der DDR Beträchtliches geleistet, um sein Werk vielen Lesern zugänglich zu machen. Wegen seiner »großen Verdienste um die Entwicklung einer fortschrittlichen antifaschistischen deutschen Literatur«[40] wurde der Autor 1964 zum Korrespondierenden Mitglied der Akademie der Künste der DDR berufen.

Anmerkungen

[1] Renate Hartleb, Georg Schrimpf. Dresden 1984.
[2] Literaturkalender 1981, 25. Woche, Berlin und Weimar 1981, 14. Jahrgang.
[3] Rolf Recknagel, Ein Bayer in Amerika, Berlin 1974. Die dritte, verbesserte Auflage, verzichtet auf den Nachlaßbericht Helmut F. Pfanners und bringt eine äußerst knappe Bestandsaufnahme des Graf-Archivs München. Leider wurde die Bibliographie zur Sekundärliteratur auf dem Stand von 1974 belassen, was die Benutzbarkeit des Buches für den Forscher einschränkt.
[4] Die erste Auflage des »Bayrischen Dekamerons« edierte der Verlag im Todesjahr des Dichters, 1967. Allerdings fehlten da noch fünf der deftigsten Texte. Erst die zweite und dritte Auflage (1979 und 1984) waren komplett.
[5] Neue deutsche Literatur, Berlin (DDR), Heft 7, 1984, S. 145.
[6] Vgl. Ulrich Kaufmann, Im Leben und Werk dem Volk eng verbunden. In: Neues Deutschland, Berlin (DDR), 21./22. Juli 1984, S. 4. Charlotte Burghardt, Ein

Bäckerjunge zog aus, ein Schriftsteller zu werden. In: Tribüne, Berlin (DDR), 20. Juli 1984, S. 14.

[7] Sonntag, Wochenzeitung des Kulturbundes der DDR, Berlin (DDR), Nr. 30/1984, S. 4. – Gerade im 50. Jahr nach der faschistischen Bücherverbrennung ist das Gedicht Brechts unzählige Male in der DDR gedruckt worden. Auch auf diese Weise wurde Grafs mutige Tat popularisiert. Brechts Gedicht »Die Bücherverbrennung« entstand 1938.

[8] Vgl. Thomas Mann, Briefe 1948-1955 und Nachlese. Hrsg. von Erika Mann, Berlin, Weimar 1968, Band III, S. 25. »So ist hier in dem Rahmen dörflichen Lebens wahrhaftig die Epoche eingefaßt. Diese zu beseitigen, versuchen wir alle. Aber mir kommt vor, Sie sind am glücklichsten damit fertig geworden.

[9] Der Greifenalmanach 1954, Rudolstadt. Im Geleitwort schreibt der Herausgeber Karl Dietz: »Und schließlich gedenken wir des Dichters Oskar Maria Graf, der sechzig Jahre alt wird. Sein Gesamtwerk findet in Deutschland längst nicht die Beachtung, die es verdient.«

[10] Diese Informationen verdanke ich einem Gespräch vom 3. 9. 1984 mit dem Jenaer Kunsthistoriker Prof. Dr. Bernhard Wächter, dem Schwiegersohn des Verlegers Dietz.

[11] Ernst Schumacher, Eine Begegnung mit Oskar Maria Graf in Starnberg. In: Deutsche Woche (München), 13. August 1958, Nr. 33.

[12] Vgl. den im Becher-Archiv Berlin (DDR) aufbewahrten Briefwechsel, der insgesamt 19 Blätter umfaßt.

[13] Neben Recknagels Monographie erschien 1974 außerdem »Das Leben meiner Mutter« (mit einem Nachwort von Fritz Hofmann) und 1977 »Reise nach Sowjetrußland 1934«.

[14] Graf, Der Mord aus Zufall. Hrsg. u. mit einem Nachwort versehen von Herbert Greiner-Mai, Berlin (DDR) 1979.

[15] Sergej Tretjakow, Gesichter der Avantgarde – Porträts, Essays, Briefe. Hrsg. von Fritz Mierau, Berlin (DDR) 1985.

[16] Stellvertretend sei ein Brief genannt, den der »Magazin«Leser Gregor Wallesch aus Halle schrieb: »Große Zustimmung muß ich dem Ausleser (das ist der Schriftsteller Uwe Kant – U. K.) im Januarheft zollen für seine Einschätzung von Oskar Maria Grafs ›Reise nach Sowjetrußland‹. Ich bin ein leidenschaftlicher Memoirenleser, und ich muß sagen, daß die Mischung aus subjektiver Einschätzung und hochinteressanten Einblicken in die objektive Entwicklung ein echter Gewinn für mich war.« In: Das Magazin, Berlin (DDR), Heft 3/1978, S. 3. Der Lyriker Adolf Endler veröffentlichte 1976 im Mitteldeutschen Verlag Halle einen Reisebericht »Zwei Versuche über Georgien zu erzählen«, in dem er auf Graf und dessen Begeisterung für Georgien Bezug nimmt. Endler erörtert am Material der Weltliteratur die Frage, inwieweit man Georgien mit Bayern, Italien oder Irland vergleichen könne. Vgl. S. 66 f.

[17] Simone Barck hat den Roman »Der Abgrund« ausgiebig analysiert und vor allem die hochinteressante Rezeptionsgeschichte dargestellt. Der Roman wurde für die Leipziger Frühjahrsmesse 1957 angekündigt und dann doch nicht gedruckt. Bei der Fassung des »Abgrunds«, die der Süddeutsche Verlag veröffentlichte, muß es sich um das seinerzeit dem Aufbau-Verlag vorgelegte Manuskript handeln. Vgl.

»Wer schreibt handelt – Strategien und Verfahren literarischer Arbeit vor und nach 1933«. Hrsg. von Silvia Schlenstedt, Berlin, Weimar 1983, S. 279-310 und S. 602-605.

[18] Graf-Rezeption funktioniert heute auch über das Medium Film. So kam eine ungarische Studentin, nachdem sie Fassbinders »Bolwieser«-Version gesehen hatte, zu mir und wollte ein Diplomarbeitsthema zu Graf haben. Es entstand die Arbeit von Agnes Kerekjárté, Oskar Maria Graf – Essay und Publizistik, Budapest 1982.

[19] Natürlich waren der DDR bei der Verbreitung des Grafschen Werkes auch Grenzen gesetzt. Selbstredend hat man Graf schon allein aus sprachlichen Gründen besonders in seiner bayrischen Heimat gelesen. Sicher liegen auch hier Gründe dafür, weshalb Film und Fernsehen der DDR sich Graf-Texten zu keiner Zeit annahmen.

[20] Vgl. Geschichte der deutschen Literatur 1917-1945. Berlin (DDR) 1973, Bd. 10, S. 344-345 und S. 502-503.

[21] Achim Roscher, Mühe um Graf. In: Neue deutsche Literatur, Berlin (DDR) Heft 9/1975, S. 157-160.

[22] Heinz Swarowsky, Oskar Maria Graf – Eine Monographie. Dissertation, Pädagogische Hochschule Potsdam 1964, S. 35.

[23] Ebenda, S. 37.

[24] Ernst Antoni, Schwierigkeiten mit einem Bayern, In: Kürbiskern (München), Heft 1/1976, S. 106-117. Vgl. dazu: Ulrich Kaufmann, Kaum Schwierigkeiten mit einem Bayern – Oskar Maria Grafs Werke in der DDR. In: Kürbiskern, Heft 3/1978, S. 167.

[25] Erwin Strittmatter: Brief an den Verfasser vom 8. 4. 1978.

[26] Bemerkung aus dem Nachlaß. Zitiert nach: »Oskar Maria Graf: Beschreibung eines Volksschriftstellers«, hrsg. von Wolfgang Dietz und Helmut F. Pfanner, München 1974, Klappentext.

[27] Anna Seghers, Vorwort zu dem Roman »Die Rettung«. In: »Über Kunstwerk und Wirklichkeit«, Band 2. Berlin (DDR) 1971, S. 117.

[28] Graf, Gelächter von aussen. München 1966, S. 18.

[29] Walter Benjamin, Oskar Maria Graf als Erzähler – Roman und epische Prosa. In: Lesezeichen, (Leipzig) 1970, S. 220/221.

[30] Oskar Maria Graf in seinen Briefen, hrsg. von Gerhard Bauer und Helmut F. Pfanner, München 1984. Seine Verbundenheit mit dieser Autorengeneration kommt auch dadurch zum Ausdruck, daß sich Graf zu Beginn der fünfziger Jahre mit 500 Mark an einer Spendenaktion des Aufbau-Verlages für das kämpfende Korea beteiligte.

[31] Anna Seghers, Briefe ihrer Freunde. Berlin (DDR) 1960, S. 47/48. Vgl. den Anhang dieses Buches.

[32] Graf, Der Denkzettel. In: Arnold Zweig, Ein Almanach, Berlin (DDR) 1962, S, 68/69. Andererseits gehörte Zweig zu den Bewunderern von »Wir sind Gefangene«. Man vergleiche seine Rezension »Bericht aus dem Unbekannten«. In: Der Klassenkampf (Berlin), 1927, Jg. 1, H. 1. (Siehe Materialanhang des vorliegenden Buches).

[33] Das geht aus dem Briefwechsel Wulf Kirsten – Graf hervor. Der Weimarer Autor stellte mir die Briefe zur Verfügung. Vgl. Oskar Maria Graf Jahrbuch, München 1994, S. 30-45.

[34] Erwin Strittmatter, Der Wundertäter, Dritter Band. Berlin (DDR) 1980, S. 159/160.
[35] Erwin Strittmatter, Brief vom 8. 4. 1978 an den Verfasser. Die erwähnte Erzählung heißt genau: »Sulamith Mingedö, der Doktor und die Laus«. Sie steht in dem Band »Meine Freundin Tina Babe«, Berlin (DDR) (Aufbau-Verlag) 1977.
[36] Geschichte der Literatur der Deutschen Demokratischen Republik. Berlin (DDR) 1976, S. 330.
[37] Was Herbert Jobst zu dieser Frage weiter äußerte, könnte allerdings von Graf selbst sein: »Ich würde mich sehr freuen, demnächst wissenschaftlich bestätigt zu bekommen, daß ich geistiger Nachfahre von Thomas Mann bin. Es würde meine Kollegen erbosen und mir nützen. Kritiker würden mich wie ein rohes Ei behandeln und das zuständige Ministerium mich mit Papier für die Nachauflagen überschütten.« Herbert Jobst, Brief vom 10. 3. 1978 an den Verfasser.
[38] Wulf Kirsten, Brief vom 15. 1. 85 an den Verfasser. Vgl. Kirstens Beitrag im O. M. Graf Jahrbuch, München 1994.
[39] Gerhard Csejka, Poesie konkret – Interview mit Wulf Kirsten. In: Neue Literatur, Zeitschrift des Schriftstellerverbandes Rumäniens (Bukarest), Heft 8/1973, S. 66.
[40] Zitiert nach: Recknagel, Ein Bayer in Amerika, 2. Auflage, S. 389.

Anhang / Materialien

1. Oskar Maria Graf – Miszellen

Der Freiheit entgegen

In Heinrich Heine sehen wir antifaschistischen Schriftsteller einen unserer lebendigsten Lehrmeister. Er hat – um ein Wort Viktor Hugos über Voltaire auf ihn anzuwenden – »gelehrt, Friede gestiftet und zivilisiert.« Er hat sprachlich nicht nur das Erbe Goethes übernommen, er hat dieses Erbe erweitert und ihm erst den vollen Glanz verliehen. Mit der Kühnheit des echten Neuerers hat er die allzustarken Fesseln klassischer Weltanschauung und Form gesprengt, und dadurch, dass er in seine Sprache gewissermaßen Tagesworte, zeitgebräuchliche Redewendungen übernahm, diese unsere Sprache nicht nur erweitert, sondern zu einer Waffe von fast unerschütterlicher Gewalt gemacht.

Er war der erste wirklich politische Dichter, der für die friedliche Annäherung der Völker, für ihr gegenseitiges Verständnis mehr getan hat als die Staatsmänner. Er, der Europäer im schönsten Sinne des Wortes, er, der Deutschland fast sentimental liebte, er, der unbarmherzige Spötter über die deutsche Rückständigkeit und Kleinbürgerei, der Vernichter nationalistischer Engstirnigkeit, der Jude – er hat allem Guten und Echten des Deutschen zur Weltgeltung verholfen! Sein Geist, seine Persönlichkeit und seine Werke machen auch heute alle Sturheit der Hitlerei zur lächerlichen Groteske! Sie wird vergehen – er wird sein: Heute, morgen, übermorgen, wie alles Unsterbliche, das ein Genie hinterlässt. Wie sagt er:

> Ich bin das Schwert, ich bin die Flamme,
> Ich habe euch erleuchtet in der Dunkelheit, und als die
> Schlacht begann, focht ich voran, in der ersten Reihe.

Sein Kampf hat der Zivilisation in der geistigen und politischen Welt zum Siege verholfen. Dieser Dichter erkannte, dass der Journalismus für die kommende Weltgestaltung grösste Bedeutung hat und gab ihm die dichterische Basis! Wieviele sind ihm nachgefolgt, wie wenige erreichten ihn!

Er war wie ein heiterer Frühlingssturm, der den Staub des Faulen, des

Sinnlosen und Vernunftwidrigen, der sich auf Geist und Leben gelegt hatte, hinweggefegt hat. Vorwärts mit ihm! Der Freiheit entgegen!

Oskar Maria Graf

aus: Deutsche Zentralzeitung (Moskau), Nr. 39, S. 2, vom 17. 2. 36 (Seite zum Todestag Heinrich Heines).

Die Heine-Verse aus dem Text »Hymnus« werden zitiert nach Heine, Werke und Briefe, hrsg. von Hans Kaufmann, Berlin und Weimar 1972, Bd. 2, S. 350.

Nüchterne Orgien

Johannes R. Becher »Deutschland ruft« Gedichte, (Neuer Verlag, Stockholm. Generalauslieferung Mary Rosenberg NYC., 1,60 US$)

Was für ein langer Weg ist das doch von dem Becher des wortreichen, zukunftsversprechenden »Triumph und Verfall« bis zu diesem schön aufgemachten Gedichtbuch »Deutschland ruft«. Und was tut sich (einschließlich des hochtrabenden Vorworts) gerade in dieser letzten Sammlung für eine blamable Wandlung kund, wenn dieses unzweifelhaft große lyrische Talent auf einmal all die blechernen »teutschen« Bardenklänge anstimmt, die etwa Walter Flex und seine patriotisch begeisterten Mitläufer anno 1914 bis 18 gesungen haben!

Wahrhaftig, alles, was die einst erfüllte, feiert bei Becher – sagen wir – missbehagliche Urständ! Nein, das geht nun wirklich nicht mehr! Diese »Deutschheit« ist vorbei, muss vorbei sein, selbst wenn man für sie manche starke, eigenwillige Redewendung findet. Mühelos und reimkundig entströmen Becher die Verse, wie einstens dem revolutionären Freiligrath, der mit den Freiheitsfanfaren anno 48 begann und mit der »Trompete von Vionville« anno 1870/71 endete. Es fehlt bei Becher nur noch die Kriegsbegeisterung.

Ja, er bringt sogar manches stille, schöne Gedicht zustande wie etwa »Abendlied«, »Deutsche Gräber an der Ostfront«, »Auf die Hand eines Toten« – und das »Lied vom hohen Himmel« – aber, aber, nein, nein! Was sollen so gewaltsam versimpelte Verse wie »Wenn ich ein Vöglein wär«, »Zeitenschlag« oder gar die überpatriotisch betonten Gedichte »An Deutschland«, »Deutschland, dein Wille geschehe« und »Deutschland ruft« mit dem schauerlichen Satz »Deutschland dein heiliger Wille ruft uns heim ins Reich!« und dergleichen mehr?

»Bei Schiller feiert die Nüchternheit Orgien«, prägte Heine einmal boshafterweise auf den Lyriker Schiller. Orgien, wahrhaft erschütternd flache Sing-Sang-Orgien feiert auch Becher in seinen diesmaligen deutschen Bardensängen.

Oskar Maria Graf

aus: Aufbau, Friday, April 2, 1948

Oskar Maria Graf, New York

»Mit sechzig Jahren, geliebte, verehrte Anna Seghers, schreiben Sie auch heute noch mit jener gelassenen Direktheit, die alle großen Schriftsteller der Welt kennzeichnet. Diese Direktheit, die kein Umdeuten und Ausweichen vor dem, was gemeint ist, zuläßt, ist heutigen Tages bei einem großen Teil der deutschen Schriftsteller in der Bundesrepublik verpönt. Sie haben sich alle zu sehr in Heidegger, Joyce, Cocteau festgelesen und lieben es, als Epigonen Thomas Manns oder Hemingways nicht nur stilistisch und gedanklich, sondern auch erzählerisch dunkel zu erscheinen. In dieses Dunkle, das stets nur Ausflucht ist, läßt sich alles hineindeuten, es kann auch jeder das ihm Beliebige aus diesem Dunklen herausdeuten – sogar der Autor selber. Dadurch enthebt man sich der Verantwortung. Das scheint in heutigen Zeiten für die sogenannten »Geistigen« das Bequemste zu sein.

Die Direktheit, die Brecht und Sie, Anna Seghers, bis zur äußersten Schärfe entwickelt haben, ist nichts anderes als tiefe Frömmigkeit vor dem Wort, ist leidendes Wissen des Schriftstellers und die schwere Verantwortung der Zeit und dem Volke gegenüber. Immer wenn ich Stellen aus Ihrem »Siebten Kreuz« oder aus den »Fischern von St. Barbara« lese, wird mir beglückend bewußt, wieviel wir Ihnen zu danken haben. Ich möchte an ihrem sechzigsten Geburtstag nicht unter den Dankenden fehlen und Ihnen herzlich die Hand drücken. Sie müssen gesund bleiben und lange leben, Anna Seghers, denn Sie und Ihr Werk sind wichtig und entscheidend für die wirre Zeit wie nur wenige Mitlebende.«

aus: Anna Seghers, Briefe ihrer Freunde, Aufbau-Verlag Berlin 1960, S. 47/48.

Oskar Maria Graf
Der »Denkzettel«

Wenn ich mich recht erinnere, bekam ich Arnold Zweigs Buch »Die Bestie« ungefähr um 1917 oder 1918 in die Hand und war sogleich eingenommen für diesen stilistisch klaren und im Erzählerischen so mitreißenden Schriftsteller. Erst einige Jahre später las ich seine berühmt gewordenen »Novellen um Claudia«, die mir weniger zusagten, obgleich ich die psychologische Linienführung darin bewunderte. Irgend etwas erschien mir an diesen Frauenschicksalen – wenn ich so sagen darf – zu privat. Merkwürdigerweise hinderte mich das, lange Jahre nichts mehr von Arnold Zweig zu lesen. Entschuldigend darf ich wohl hinzufügen, daß ich damals in einem sehr bewegten Werdeprozeß stand und mich mit den ersten schriftstellerischen Versuchen abmühte. Dabei vermied ich es fast ängstlich, Bücher anderer Schriftsteller zu lesen, weil ich fürchtete, davon beeinflußt zu werden. Erst viel später, nachdem bereits meine Autobiographie »Wir sind Gefangene« erschienen war, machte mich der von mir hochgeschätzte verstorbene Bruno Frank auf den »Sergeanten Grischa« aufmerksam, und beim Lesen dieses unvergänglichen Werkes merkte ich (und das nicht ohne Neid und Bitterkeit), was mir noch alles fehlte an schriftstellerischer Zucht und und epischer Kraft. Es war gleichsam, als hätte ich einen sehr eindringlich mahnenden Denkzettel erhalten, nicht vorschnell und leichtsinnig die eigene Leistung zu überschätzen. Für diesen »Denkzettel« blieb ich Arnold Zweig seither dankbar, so dankbar, daß ich in bezug auf meine Arbeiten nie wieder eine tiefe, fast spöttische Skepsis loswerde. Das, glaube ich, ist gut und äußerst wertvoll für einen Jüngeren, Gleichstrebenden.
 Die Lektüre der beiden mächtigen Bücher »Erziehung vor Verdun« und »Einsetzung eines Königs«, die ja folgerichtig als Vollendung des Grischa gedacht werden können, haben – ganz abgesehen davon, daß sie für mich unvergessene Leseerlebnisse waren – mein Dankgefühl für Arnold Zweig nur noch verstärkt. Völlig unverständlich bleibt mir nur, warum dieser wahrhaft große Schriftsteller noch nie den Nobelpreis erhalten hat. Sein Werk wird Weltliteratur bleiben, und Deutschland hätte allen Grund, darauf stolz zu sein.
aus: A. Zweig – Ein Almanach, Aufbau-Verlag 1962, S. 68/69.

2. Neue Stimmen von Dichtern über O. M. Graf

WULF KIRSTEN, 1973
Heimat, das ist ja auch so ein Begriff, mit dem großer Mißbrauch getrieben worden ist. Ich weiß nicht, ob man diesen Begriff, unbedingt braucht, aber daß man sich einer Region zugehörig fühlt, das könnte damit gemeint sein; so verstand ich jedenfalls Oskar Maria Graf, und diese Haltung, ja, die hat mich mehr beeindruckt – mehr als vielleicht die Prosa Graf selbst. Graf war überhaupt der erste, zu dem ich wirklich Vertrauen hatte ... Wie dieser bäuerliche Plebejer zum Weltbürger geworden ist, das hat mir sehr imponiert, das ist nach wie vor eine Gestalt, die für mich Vorbildcharakter hat.

ANNA SEGHERS, 1975
Leider habe ich Oskar Maria Graf nicht persönlich gekannt. Wenigstens erinnere ich mich nicht an ihn. Mir ist aber sehr viel Lustiges von ihm erzählt worden. Ich glaube gar nicht, daß er hier (in der DDR – U.K.) war. Mir tut sehr leid, daß ich zufällig vor ein paar Tagen ein Buch verschenkte, das mir gerade zugeschickt wurde: Recknagel, »Ein Bayer in Amerika« (oder so ähnlich). Dieser Recknagel war mit mir in Verbindung, als er die Biographie von Traven, der die Romane über Mexiko geschrieben hat, zusammenstellte und Travens Werk identifizierte.

STEPHAN HERMLIN, 1977
Meine Begegnung mit Oskar Maria Graf in Berlin (1964 – U.K.) war die einzige in meinem Leben. Ich habe ihn vorher nicht persönlich gekannt. Erinnern kann ich mich, dass Bredel dabei war, wahrscheinlich auch Herzfelde und Marchwitza.

Ich hatte ihn natürlich oft gelesen, sicherlich die meisten seiner Bücher, und glaube auch heute noch, dass er unter den sogenannten proletarischen Schriftstellern Deutschlands (dieser Begriff hat für mich keinen genauen Inhalt; ich verstehe ihn so, dass mit ihm Schriftsteller bezeichnet werden, die aus proletarischem Milieu stammen) die größte Begabung war.

Einiges von ihm ist sehr bedeutend, wie etwa »Unruhe um einen Friedfertigen«.

An die Begegnung selbst habe ich keine besondere Erinnerung, ich weiss nur, dass sie froh und freundschaftlich verlief, und dass wir viel über unsere Emigration sprachen.

HEDDA ZINNER, 1978
Ich kannte Graf so gut wie gar nicht, wenigstens erinnere ich mich nicht, mich je mit ihm unterhalten zu haben. Ich war damals eine junge Schauspielerin, die zu schreiben begonnen hatte und ich hatte großen Respekt vor ihm. Mir gefiel, was er schrieb, seine deftige, kräftige Sprache, seine Lebensnähe. Die Episode in meinem Roman »Fini« habe ich selbst erlebt.

Selbstverständlich überspitzte ich manches, aber die Art, wie ein paar hundertfünfzigprozentige Genossen ihn behandelten, ist wahr.

Becher mußte glätten und besänftigen, aber Oskar Maria Graf war nicht beleidigt und nahm auch nichts übel. Er war nur erstaunt über Reaktionen, die er nicht begriff. Ich hatte den Eindruck, daß es ihm durchaus ernst war mit seiner Lesung, daß er seine Arbeit zur Diskussion stellte und an einer Zusammenarbeit echt interessiert war. Er schien mir kein Mensch zu sein, der sein Denken hinter einer Maske versteckte, eher hatte ich das Gefühl von einer naiven Offenheit.

STEPHAN HEYM, 1978
Ich bin Oskar Maria Graf mehrmals in New York begegnet und habe mit ihm Bier getrunken. Näheres über ihn können Sie von Wieland Herzfelde erfahren, der sein Verleger war.

WIELAND HERZFELDE, 1976
Graf hat s. Zt., als er die Fortsetzung von »Frühzeit« unter dem Titel »Wir sind Gefangene« fertig hatte, bei mir angefragt, ob ich ihm 15% Honorar (statt 10 bzw. 12%) zahlen könnte. Der Drei-Masken-Verlag habe ihm dieses Angebot gemacht und gleichzeitig eine hohe Auflage zugesagt. Darauf gab ich ihm, wir waren Freunde, den Rat, zum Drei-Masken-Verlag zu gehen, denn meine Finanzlage war, wie so oft, derart, dass ich es als eine Entlastung empfand.

Das Buch »Zur Sache« erscheint voraussichtlich »schon« im Herbst, da finden Sie auch einiges von mir über Graf.

ERWIN STRITTMATTER, 1978

Viele Leute werden Grafs Geschichten über die »Mitmenschen« gelesen haben; nur müssen Sie berücksichtigen, daß diese Leser kaum auf den Namen des Verfassers achten. Wie oft habe ich das bei der Benutzung meiner Arbeitern von Durchschnittslesern erlebt!

Ich habe Graf schon gelesen (Mitte der zwanziger Jahre), als er seine Geschichten noch in der Bäckerzeitung veröffentlichte. Er ist ja ein Berufskollege von mir. Natürlich hat mich sein Dasein angespornt, denn auch ich schrieb ja schon als Bäckergeselle.

Nachzulesen in meiner Geschichte von der MINGEDÖ.

(Die Quellen sind in dem Aufsatz »Bemühungen um Graf (*Zur Rezeption seines Werkes in der DDR*« angegeben.)

3. Plädoyer ohne Folgen – Gutachten zu Grafs Exilroman »Der Abgrund«

Das zweiteilige Romanwerk »Der Abgrund« ist eine 1936 in London erschienene Publikation des Malik-Verlages, für die John Heartfield seinerzeit den Umschlag schuf. Noch bevor die Originalausgabe herauskam, besorgte man 1935 in der UdSSR Lizenzausgaben in deutscher und russischer Sprache. Außerdem wurde der Roman in der Schweiz (1936) und in Argentinien (1946) verlegt.

Der Roman »Die gezählten Jahre« ist eine Zweitfassung des Werkes »Der Abgrund«, an der Graf in seinen letzten Lebensjahren arbeitete. Bei einer Veröffentlichung in der DDR sollte man die Zweitfassung drucken, die auch der Süddeutsche Verlag München für den vierten Band der Werkausgabe zugrunde legte. Bis auf ganz wenige Ausnahmen ist die Fassung mit den Korrekturen letzter Hand besser. Oskar Maria Graf hat wesentliche Kürzungen vorgenommen – vor allem bei Passagen, die aus umfangreicheren politischen Debatten bestehen –, er hat fragwürdige Verallgemeinerungen getilgt, aber auch, namentlich im zweiten Romanteil, einige neue inhaltliche Akzente gesetzt. Die Neuformulierung des Romantitels erforderte bereits andere Akzentuierungen. Die Titelgebung der Zweitfassung, die die Hoffnung des Autors ausspricht, daß die Jahre der ewig paktierenden Sozialdemokraten gezählt sind, nimmt dem künstlerischen Unternehmen das fatalistische Moment des Erstdrucks.

Im Zentrum des 10 Jahre deutscher und österreichischer Geschichte umfassenden Romans steht die Familie des sozialdemokratischen Stadtrats Joseph Hochegger. Hochegger, »ein sozialer Praktiker aus Hilfsbereitschaft« (Seite 9), fühlt sich als unpolitischer Mensch und sieht Anfang der zwanziger Jahre seine Berufung darin, für Arbeiter ansprechende Wohnungen zu bauen. Als dieses zur Zeit der Weltwirtschaftskrise unmöglich wird, versucht er sich endgültig aus der Politik herauszuhalten und sich ganz dem Privaten zuzuwenden. Resigniert sieht er zu, wie zwei seiner Kinder Nazis werden. Lediglich sein Sohn Joseph scheint ihm zu folgen, denn auch er arbeitet im Parteiapparat der SPD. Der junge Hochegger, der zunehmend in den Mittelpunkt des Romans rückt, erkennt jedoch bald, wie schädlich die kommunistenfeindliche

Politik seiner Parteiführung ist. Ohne sich jemals völlig von seiner Partei zu trennen, sucht und findet er Arbeitskontakte zu Kommunisten, mit denen er auch in Österreich bei der Abwendung der faschistischen Gefahr weiter zusammenarbeitet, nachdem er 1933 gemeinsam mit seiner Frau Klara sein Heimatland verlassen hat.

Der auch nach Wien geflüchtete alte Hochegger, ein kranker und gebrochener, von seiner jungen Frau betrogener und verlassener Mann, wird von einer Kugel der Dollfuß-Soldateska tödlich getroffen. Seine tapfere Schwiegertochter Klara, von der österreichischen Polizei an Deutschland ausgeliefert, wird im KZ Dachau ermordet. (Diesen Schluß weist nur die zweite Fassung auf.)

Dieser erste bedeutende Exilroman Grafs stellt inhaltlich und formal in seinem Schaffen etwas völlig Neues dar. Nie zuvor und auch nie wieder hat sich der keiner Partei angehörende Oskar Maria Graf so der Geschichte der deutschen politischen Parteien zugewandt und unter Einbeziehung vieler Dokumente – Zeitungsausschnitte, Flugblätter usw., die in der zeitgenössischen sowjetischen Ausgabe durch Kleindruck hervorgehoben wurden – einen so breiten Wirklichkeitsausschnitt romanhaft gestaltet. »... der Roman, seine Personen, ihre Schicksale decken sich mit der berichteten Zeitgeschichte; sie laufen nicht nebenher; das Erfundene ist genauso wichtig wie die bekannten Ereignisse und Aktoren. Es ist manchmal merkwürdig, daß auf einen Auftritt Hindenburgs unmittelbar Ihr Mann aus dem Volk seine Szene hat, und es fällt nicht auf, der Leser macht keinen Unterschied. Das kann nur einer wagen, der seiner Sache sicher ist und weiß was ich schreibe, ist das Eigentliche.[1]« (Soweit Heinrich Mann in einem offenen Brief an den Verfasser des Romans »Der Abgrund«).

Im vorliegenden Roman wird nur geschildert, was der Autor ganz unmittelbar selbst erlebt hat. Die Lebensstationen des jungen Joseph Hochegger sind die des Autors. Es fällt auf, daß sich Graf politisch weitestgehend mit dem jungen Hochegger identifiziert. Ein Passus, in dem geschildert wird, wie Joseph die Machtübernahme der Faschisten erlebt, ist interessanterweise identisch mit einer autobiographischen Passage aus dem Roman »Das Leben meiner Mutter« (1940).

Satirisch werden demgegenüber die meisten der kleinbürgerlichen SPD-Funktionäre behandelt. Allein die Nennung einiger Namen unterstreicht das: Bangler, Wetterle, Mögler, Koller, Kaufel, Haller, Rauchleitner. Die durch den Stoff bedingte Ausweitung des Figurenensembles hat jedoch zur Folge, daß der Autor mitunter Individualcharaktere durch vordergründige soziale Typisierungen zu ersetzen versucht. Auf die unterschiedliche künstlerische Bewältigung einzelner Gestalten, im konkreten Fall des jungen und alten Hochegger, den man als Vorstudie zur Titelfigur des Romans »Anton Sittinger« betrachten kann, machte schon Lion Feuchtwanger aufmerksam. »Der junge Hochegger, der den Weg vom bürokratischen zum kämpfenden Sozialismus geht, scheint mir nicht immer so rund und plastisch wie der alte, und seine illegale Tätigkeit vollzieht sich in einer Atmosphäre der Romantik, in der Graf nicht so zu Hause ist wie in der Wirklichkeit des alten Hochegger. Immerhin ist auch er da, und so rundet sich der Roman ›Der Abgrund‹ zu einem starken, bleibenden Bild von der Trostlosigkeit, dem Heroismus, dem Kampf und der Hoffnug des Emigrantenlebens.«[2]

In einem Nachwort, das den literarischen, aber auch den historisch-politischen Stellenwert darzustellen hätte, sollte man die schwachen Stellen des Werkes keineswegs zudecken. Neben dem Schluß, in dem der Autor den mißglückten Versuch unternahm, auf einer Seite den Bogen bis in die fünfziger Jahre zu schlagen, wäre auf Elemente der Kolportageliteratur hinzuweisen, die es auch bei anderen progressiven Schriftstellern zu jener Zeit gab. In diesem Zusammenhang muß auf die Episode verwiesen werden, in der Joseph mit seiner, den verführerischen Namen Babette tragenden Stiefmutter schläft, um dadurch Geld für die illegale Arbeit der Genossen zu erhalten.

Grafs Buch hat in den dreißiger Jahren einen wichtigen politischen Stellenwert besessen. Wieland Herzfelde berichtet von einer nächtlichen Manuskriptdiskussion mit Walter Ulbricht und Oskar Maria Graf, die in Prag stattfand.[3] Mit viel Sachkenntnis habe sich der KPD-Funktionär zu Grafs Geschichtsdarstellung geäußert und sich für die verwandten Quellen interessiert.

Als das Buch ausgeliefert war, zirkulierte in den sozialdemokratischen Züricher Buchhandlungen ein Brief. Wegen der »kommunistischen Tendenz«, sollten die Exemplare an den Malik-Verlag zurückgesandt werden, hieß es in dieser Petition führender SPD-Kreise.[4]

Bei Gelegenheit der literarhistorischen Einordnung des Seghers'schen Romans »Der Weg durch den Februar« konstatieren die Verfasser des Romanführers,[5] daß der Stoff des Februaraufstandes in Wien 1934 in der deutschen Literatur relativ selten gestaltet wurde. Das ist zweifellos auch noch richtig, wenn man den Grafschen Roman berücksichtigt, was die

Autoren dieses Nachschlagewerkes nicht tun. Die Tatsache, daß der heroische Kampf der österreichischen Arbeiter vielen Lesern weitestgehend unbekannt ist, rechtfertigt für sich bereits die Publikation des Romans »Die gezählten Jahre«.

Oskar Maria Graf geht, im Gegensatz zu dem Roman der Anna Seghers noch einen Schritt weiter. Mit seinen beiden Torsi »Das war Deutschland« und »Auf Sand gebaut« veranschaulicht er überzeugend die Duplizität der deutschen und österreichischen Entwicklung, ohne die spezifischen sozialen und nationalen Probleme beider Staaten zu unterschätzen.« Es gibt Bücher von Oskar Maria Graf und Adam Scharrer, die schon deshalb bemerkenswert sind, weil sie versuchen, das Leben auf dem Dorf zu gestalten und meiner Ansicht nach auch gewisse neue Seiten dort entdecken, die unseren Politikern bisher entgangen sind...«[6], schrieb Johannes R. Becher am 22. 3. 1935 an Georgi Dimitroff. Becher hatte dabei auch den Roman »Der Abgrund« vor Augen, den er bereits ausschnittweise kannte und in dem unter anderem Probleme der Landagitation sozialdemokratischer und kommunistischer Arbeiter gestaltet werden. Hinzu treten noch interessante Passagen über die Härten und Schwierigkeiten des Exils (»Emigrationskrankheit«, »Diaspora«...), über die Grenzarbeit der Genossen, über die Fragen der proletarischen Einheitsfront und vieles andere mehr, die man in dieser Weise nur bei Graf findet.

Der Stellenwert des Romans im Gesamtschaffen Grafs und in der Literaturgeschichte des 20. Jahrhunderts sprechen für eine Edition des Romans »Die gezählten Jahre« in der DDR.

(Ulrich Kaufmann)

---

[1] Heinrich Mann, An O. M. Graf, den Verfasser des Romans »Der Abgrund«. In: Verteidigung der Kultur, Berlin, 1971, S. 406-407.

[2] Lion Feuchtwanger, Centum opuscula – eine Auswahl. Rudolstadt, 1956, S. 533.

[3] Wieland Herzfelde, In Prag. In: Walter Ulbricht – Schriftsteller, Künstler, ... zu seinem 70. Geburtstag. Berlin, 1963, S. 111-112.

[4] Jean Amery, Ein deutscher Realist (Nachwort zu »Die gezählten Jahre«), München, 1976, S. 469.

[5] Romanführer, II/2. Berlin, 1974, S. 296.

[6] Zitiert nach: Simone Barck, Johannes R. Bechers Publizistik in der Sowjetunion 1933-1945, Berlin, 1976, S. 213.

4. Literaturwissenschaft als Abenteuer –
Rolf Recknagel zum 60. Geburtstag am 2.2.1978

»Ersticke in Arbeit: Postpacken, Termine, Schularbeiten, Prüfungen, Verteidigungen, Belegarbeiten, Beurteilungen ... Durch Reise ist Jahresurlaub futsch.« Einige Wissenschaftlerkollegen glauben, daß ein so produktiver Publizist wie Rolf Recknagel wohl freischaffend arbeitet. Obiges Briefzitat beweist, daß es nicht so ist: Seit über 20 Jahren weiht Dr. Recknagel an einer Fachschule in Leipzig-Leutzsch Hunderte von Bibliothekaren in die Geheimnisse der Weltliteratur ein. Trotz dieser Belastung legte er neben Aufsätzen und Nachworten umfangreiche und international anerkannte Bücher über B. Traven, Oskar Maria Graf und Jack London vor.

Es steht mir nicht zu, ein Urteil über sein belletristisches und publizistisches Gesamtwerk (für das er 1970 mit dem Heinrich-Heine-Preis geehrt wurde) abzugeben. Nur eines weiß ich: Seine 1974 unter dem Titel »Ein Bayer in Amerika« erschienene Graf-Monographie ist die bislang gediegenste und materialreichste Studie über den Volksschriftsteller. Dieses Buch, das, da es nicht nur an Wissenschaftler adressiert ist, seinerzeit sofort vergriffen war, setzt unter die Graf-Forschung keinen Schlußpunkt, sondern im Gegenteil, macht weiterführende Analysen erst möglich.

Wer jemals Gelegenheit hatte Rolf Recknagel zu lesen oder zu hören, dem wird eine Tugend nicht entgangen sein; über viele Erscheinungen der Weltliteratur kann er spannend schreiben und fesselnd erzählen. »In meinen Vorlesungen müssen die Studenten wenigstens einmal lachen und einmal weinen«, sagte er mir. Forschung ist für den ehemaligen Jenaer Studenten stets auch eine abenteuerliche Suche nach neuen Erkenntnissen und Materialien. Kaum bekannt ist, daß er in einer Höhle auch eine Kiste mit Karl-May-Dokumenten entdeckt hat: »Wir kauften uns Gummistiefel, und dann ging's los ... Wie im Traum: das Suchgerät pfiff.« Was ich an Rolf Recknagel besonders schätze? Daß er zu den Wissenschaftlern gehört, die jüngere Kollegen uneigennützig unterstützen und sie stets zu eigenständigen Arbeiten ermuntern.

Wünschen wir dem Jubilar Gesundheit, neue wissenschaftliche Funde und uns weitere aufregende Bücher aus seiner Feder.

(Ulrich Kaufmann)

(Dieser ungedruckte Text sollte als Sonderdruck dem Jubilar überreicht werden. Wir erhielten keine Druckgenehmigung und übergaben die Beiträge maschinenschriftlich. Die anderen Beiträger waren der Leipziger Publizist Wolfgang U. Schütte und der Weimarer Dichter Wulf Kirsten.)

5. Drucknachweis und bibliographische Angaben

»Frühzeit« (1922) – Grafs erster Beitrag zur »Tatsachen-Literatur«, entstanden 1978, unveröffentlicht.

Die Chronik bei Graf – im Zentrum die Flechtinger Familienchronik (1925), entstanden 1978, unveröffentlicht.

Krieg und Nachkrieg – literarischer Durchbruch mit dem Bekenntnisbuch »Wir sind Gefangene« (1927). In: Lubelskie Materialy Neofilologiczne – 1979, Lublin (Polen) 1980. Die in Lublin vorgelegte Fassung weicht wesentlich von dem hier präsentierten Text ab.

Erprobte Form – neuer Gegenstand : Grafs Theaterchronik »Wunderbare Menschen« (1927), entstanden 1978, unveröffentlicht.

Biographischer Roman mit historischen Dimensionen: »Das Leben meiner Mutter« (1940), entstanden 1978, unveröffentlicht.

Bilanz eines Lebens – »Gelächter von aussen« (1966). In: Acta Universitatis Lodziensis, Folia Litteraria Lòdz 1982, S. 153-164.

Thomas Mann als geistiges Erlebnis – Kommentar zu Dokumenten einer Partnerschaft, In: Werk und Wirkung Thomas Manns in unserer Epoche – Ein internationaler Dialog, hrsg. von H. Brandt und H. Kaufmann, Berlin und Weimar 1978.

Grafs Ärger mit dem jungen Brecht. In: Brecht-Dialog 1978, – Dokumentation, Berlin 1979. Auch in: Oskar Maria Graf Jahrbuch, München 1994.

Bündnis mit Widersprüchen – J. R. Becher und O. M. Graf, entstanden 1981 für eine Konferenz zum 90. Geburtstag J. R. Bechers in Jena.

Der Geschichtenerzähler Graf – gekürztes Nachwort zu dem Reclam-Band: Graf-Geschichten, Leipzig 1983 (gemeinsam mit Detlef Ignasiak).

Graf als Essayist, als Beitrag zum Graf-Feuchtwanger-Kolloquium in München 1984 entstanden.
Der Verfasser dieses ungedruckten Beitrages durfte nicht nach München reisen.

»Die Episode von Troglberg« – Vorschläge zur Behandlung in der Schule. In: Deutschunterricht, Berlin, 37 (1984) 5.
Verfasser: Detlef Ignasiak. Der Beitrag ist eine gekürzte und überarbeitete Fassung.

Bemühungen um Graf – Zu Rezeption seines Werkes in der DDR, in: Text und Kritik, Sonderband O. M. Graf, München, 1986. Auch in: Hallesche Studien zur Wirkung von Sprache und Literatur 11, Martin-Luther-Universität Halle-Wittenberg 1986.

6. Weitere Arbeiten Ulrich Kaufmanns zu O. M. Graf:

- Unruhe um einen Friedfertigen – Zu Publikationen O. M. Grafs. In: Volkswacht (Gera), 11.4.1975, S. 4.
- Bäckersohn in Gorkis Schule (zu »Wir sind Gefangene«). In: Junge Welt (Berlin), 1.8.1975. Geschrieben für die Rubrik »Kennst Du dieses Buch?«
- Werke O. M. Grafs in Verlagen der DDR. In: Neues Deutschland (Berlin), 28./29.6.1975.
- Zwei Bücher von Graf (»Wunderbare Menschen«, »Reise nach Sowjetrußland 1934«). In: Neue deutsche Literatur, Heft 11/1977.
- Zehnter Todestag von Oskar Maria Graf. In: Sonntag (Berlin), 26.6.1977.
- Epische Selbstdarstellung im Werk O. M. Grafs. In: Lubelskie Materialy Neofilologiczne 1978, Lublin (Polen), 1978. Thesen zur Dissertation, die 1978 in Jena verteidigt wurde.
- Kaum Schwierigkeiten mit einem Bayern (Graf in der DDR). In: Kürbiskern, München, 3/1978.
- Rezension zu: Pfanner, Helmut F. – O. M. Graf eine kritische Bibliographie, 1976. In: Referatedienst Literaturwissenschaft, Berlin, 11 (1979) 2, S. 245-246.
- Graf als Krimiautor – Rezension zu »Der Mord als Zufall«, Kriminalgeschichten. Berlin 1979. In: Wochenpost (Berlin) 50/1979, S. 22.
- O. M. Grafs Bemühungen um eine progressive Heimatliteratur. In: Budapester Beiträge zur Germanistik, Universität Budapest 1983.
- Rezension zu: Sheila Johnson, Graf: The Critical Reception of his Prose Fiction, Bonn 1979. In: Zeitschrift für Germanistik, Leipzig, 4 (1983) 1.
- Im Leben und Werk dem Volk eng verbunden (Zu Grafs 90. Geburtstag). In: Neues Deutschland 21./22.6.1984.
- Sammelrezension zu: Bollenbeck, G., O. M. Graf, Rowohlt Monographie 337 u. Graf in seinen Briefen, München, 1984. In: Referatedienst zur Literaturwissenschaft, Berlin, 18 (1986) 2.
- Oskar Maria Graf und der Greifen-Verlag. Zum 100. Geburtstag des bayerischen Volkserzählers. In: Palmbaum, Jena, 2/1994, S. 70-76.

Zu den Autoren:

Ulrich Kaufmann, geb. 1951 in Berlin, ab 1970 Studium der Germanistik, Geschichte und Pädagogik in Jena, seit 1974 wissenschaftlicher Mitarbeiter an der Friedrich-Schiller-Universität Jena, 1978 Promotion mit einer Arbeit über O. M. Graf, 1978-1980 Deutschlektor in Lublin (Polen), 1991 Herausgeber der Aufsatzsammlung »Wortwechsel« – Studien zur DDR-Literatur, 1992 Habilitation mit dem Buch »Dichter in ›stehender Zeit‹ – Studien zur Georg Büchner-Rezeption in der DDR« (Erlangen/Jena, 1992)
1992 Herausgeber der Aufsatzsammlung »Verbannt und Verkannt – Studien und Porträts« (Jena, 1992),
Seit 1993 Aufbau einer Forschungsstelle zu J. M. R. Lenz an der Universität Jena, Mitherausgeber der Zeitschrift »PALMBAUM – Literarisches Journal aus Thüringen«,
Ca. 50 Aufsätze zur deutschen Literatur des 18., 19. und 20. Jahrhunderts.

Detlef Ignasiak, Dr. phil., Germanist und Kulturhistoriker, Jg. 1950. Geboren und aufgewachsen in Berlin, 1970-1974 Studium der Germanistik, Geschichte und Pädagogik in Jena, danach Lehrer in Berlin, 1981 Promotion zur Brechts »Kalendergeschichten« bei Helmut Brandt in Jena, 1981-1985 Deutschlektor an der Universität Posen, danach wissenschaftlicher Assistent in Jena, dort 1989 Habilitation zur Literaturgeschichte Thüringens im Barock, seit 1992 freiberuflich tätig, im gleichen Jahr Gründung der Thüringischen Literarhistorischen Gesellschaft PALMBAUM e. V. und Herausgabe der gleichnamigen Zeitschrift, lebt in Jena.
Bücher: Brechts »Kalendergeschichten« (1982), Das literarische Jena (1985 und 1988), Gedenktafeln – Kulturgeschichte an Jenas Häusern (1990), Frühneuzeitliche Hofkultur in Hessen und Thüringen (Hrsg. zus. mit J.-J. Berns, 1993), Thüringer Fürsten (Hrsg., 1994), Herausgabe von Graf (zus. mit U. Kaufmann, 1983), Hebel (1988), Zachariae (1989) und Luther (1991); Aufsätze zur deutschen Literatur des 16., 17. und 20. Jahrhunderts, dazu zahlreiche Beiträge zur Kulturgeschichte Thüringens und Jenas, vornehmlich der Barock-Zeit.

P. Kirchheim Verlag

Oskar Maria Graf
Briefe aus New York 1950–1962

Herausgegeben von Ulrich Kaufmann und Detlef Ignasiak
120 Seiten   ISBN 3-87410-066-9   P. Kirchheim Verlag München

Erste Veröffentlichung der neuentdeckten Briefe an Karl Dietz und den Greifenverlag in Rudolstadt / Thüringen.

Die Briefe Grafs an seinen Verleger in der DDR spiegeln seine Lebens- und Arbeitssituation in der New Yorker Emigration: In der DDR wird er verlegt, aber kaum bezahlt, in der BRD will man ihn nicht entdecken, wenn er nicht sogar unerwünscht ist – als Emigrant.
Diese oft verzweifelten Jahre sind gekennzeichnet durch chronischen Geldmangel, Überlegungen, nach Bayern zurückzukehren, den Versuch des Verlegers, ihn für eine Übersiedlung in die DDR zu gewinnen, wo er von seinen Honoraren leben könnte, die Krankheit seiner Frau Mirjam Sachs und viele andere in die Briefe einfließende Lebensumstände. Trotz alledem – im Vordergrund steht die unermüdliche Arbeit an seinen Buchprojekten, von denen »Anton Sittinger«, »Bolwieser« und die Neuausgabe der »Kalendergeschichten« verwirklicht wurden, bevor seine Produktion dann konzentriert im Aufbau Verlag Berlin erschien.

P. Kirchheim Verlag